KB253616

AI 시대, 자녀 진로 어떻게 할까?

크리스천 부모들이 반드시 알아야 할 핵심 11가지

조성철 지음

AI 시대, 자녀 진로 어떻게 할까?

크리스천 부모들이 반드시 알아야 할 핵심 11가지

발행일	초판 1쇄 2026년 2월 13일
	초판 2쇄 2026년 4월 10일
지은이	조성철
북디자인	최주호(makesoul2@naver.com), 이수진(mltm.studio@gmail.com)
유통사	하늘유통(031-947-7777)
펴낸곳	기독교포털뉴스
신고번호	제 2016-000058호(2011년 10월 6일)
주소	우 16954 경기도 용인시 기흥구 흥덕2로 87번길 18
	이씨티빌딩 B동 4층 엠피스비즈니스센터 479호
전화	010-4879-8651
가격	16,900원
이메일:	unique44@naver.com
홈페이지	www.kportalnews.co.kr

ISBN   979-11-90229-39-5   03230

AI시대, 자녀 진로 어떻게 할까?

크리스천 부모들이 반드시 알아야 할 **핵심 11가지**

조성철 지음

1등급 성적표가 성공을 보장하던 시대는 끝났습니다.
AI시대, **'대체 불가능한 존재감'**이 아이의 생존 무기입니다.

기독교포털뉴스

목차

감사의 글   9

추천의 글   11

프롤로그   23

1부 · 이해 – 아이, 시대, 길을 다시 보다

제1장 · 자녀 이해 – 진로는 '공부'가 아니라 '존재'에서 시작   33

   1. 성적 중심 양육의 한계와 아이의 실제 필요   33

   2. 발달 단계로 본 정체성의 형성(영유아기~청소년기)   36

   3. AI 시대 부모의 역할   44

   4. 부모 실친 세크리스트 & 소그룹 나눔 질문   49

제2장 · AI 시대 이해 – 기술이 아니라 '사람'이 중심이 되는 시대   53

   1. 우리는 지금 어떤 시대를 살고 있는가   53

   2. AI가 대체할 수 없는 인간의 영역   54

   3. AI 시대 직업과 세계관의 문제   56

   4. 부모 실천 체크리스트 & 소그룹 나눔 질문   59

제3장 · 진로 – 정체성에서 시작되어 소명으로 완성되는 길   61

   1. 진로를 너무 늦게, 너무 좁게 묻고 있다   61

2. 성경이 말하는 진로의 구조   64

3. 진로 앞에 선 부모의 역할   68

4. 부모 실천 체크리스트 & 소그룹 나눔 질문   69

제4장 · 직업 – 하나님의 부르심이며 사랑의 도구   73

1. 직업을 바라보는 왜곡된 관점   73

2. 성경이 말하는 직업의 네 가지 의미   75

3. AI 시대 직업의 재해석과 부모의 역할   81

4. 부모 실천 체크리스트 & 소그룹 나눔 질문   83

2부 · 대안 – AI 시대, 하나님이 주신 자원을 다시 세우다

제5장 · 성품 – 오리지널 디자인 '샬롬'으로 회복되다   87

1. AI 시대에도 결코 사라지지 않는 경쟁력   87

2. 성품의 근원과 형성의 원리   91

3. AI 시대가 요구하는 핵심 성품과 부모의 역할   97

4. 부모 실천 체크리스트 & 소그룹 나눔 질문   101

제6장 · 회복탄력성 – 무너지지 않는 힘, 다시 일어서는 은혜   105

1. 왜 지금 '회복탄력성'이 중요한가?   105

2. 회복탄력성은 무엇인가?   107

3. 회복탄력성을 세우는 부모의 역할과 훈련   117

4. 부모 실천 체크리스트 & 소그룹 나눔 질문   119

제7장 · 자아존중감 – 하나님의 눈으로 나를 보고, 세상을 보다   **123**

   1. 무너진 자아존중감이 만드는 인생의 왜곡   123

   2. 자아존중감을 세우는 것과 무너뜨리는 것   127

   3. 건강한 자아존중감과 부모의 거울 역할   134

   4. 부모 실천 체크리스트 & 소그룹 나눔 질문   138

제8장 · 능력 – AI 시대, 하나님이 요구하시는 진짜 역량   **141**

   1. AI가 대체하지 못하는 능력의 본질   141

   2. AI 시대 핵심 역량   144

   3. 능력을 키우는 부모의 자세와 훈련법   154

   4. 부모 실천 체크리스트 & 소그룹 나눔 질문   158

제9장 · 영어 – 도구인가, 또 하나의 우상인가   **161**

   1. AI 시대 영어가 여전히 중요한 이유   161

   2. 영어의 세 가지 의미   165

   3. 신앙 기반 영어 교육과 부모의 역할   170

   4. 부모 실천 체크리스트 & 소그룹 나눔 질문   176

제10장 · 문해력 – AI 시대, 읽는 힘이 곧 '존재의 힘'   **179**

   1. 문해력을 바라보는 왜곡된 관점   179

   2. 성경이 말하는 문해력의 네 가지 의미   184

   3. 문해력은 '일머리'로 이어진다   188

   4. AI 시대 문해력의 재해석과 부모의 역할   192

   5. 부모 실천 체크리스트 & 소그룹 나눔 질문   200

제11장 · 그릿 – 끝까지 하는 능력, AI 시대의 진짜 실력　　　203

　1. 그릿을 바라보는 왜곡된 관점　　　203

　2. 성경이 말하는 '그릿(인내)'의 네 가지 의미　　　209

　3. AI 시대 '그릿의 재해석'과 부모의 역할　　　211

　4. 부모 실천 체크리스트 & 소그룹 나눔 질문　　　215

에필로그　　　219

참고자료　　　225

부록·삶 전체로 배우는 AI 시대 교육　　　231

학부모의 이야기　　　242

감사의 글

이 책은 혼자 쓴 책이 아닙니다.

수많은 기도와 기다림, 그리고 함께 견뎌 준 사람들의 동행 위에 놓인 기록입니다.

먼저, 이 책이 세상에 나올 수 있도록 묵묵히 배려해 주시고 기도로 함께해 주신 대전한사랑감리교회 모든 성도님들과 장로님들, 최병선 원로목사님, 그리고 사역자 여러분께 깊은 감사를 드립니다.

지금까지 변함없는 사랑과 격려로 지지해 주신 힐탑교회 안승철 감독님과 강성애 사모님께 진심으로 감사드립니다. 감독님의 믿음과 따뜻한 조언은 목사로서, 또 한 사람으로서 흔들릴 때마다 다시 방향을 붙드는 큰 힘이 되었습니다.

다음 세대를 위해 함께 기도하며 헌신하고 있는 한우리기독학교 학부모님들과 선생님들, 그리고 학생들에게도 깊이 감사드립니다. 학교 현장에서 마주한 아이들의 삶과 질문, 눈물과 회복의 순간들은 이 책의 이론이 아니라, 살아 있는 언어가 되게 한 가장 소중한 토대였습니다. 여러분과 함께한 시간들이 이 책의 많은 문장 속에 스며 있습니다.

이 책이 세상에 나오기까지 끝까지 격려해 주시고, 더 좋은 책이 될 수 있도록 최선을 다해 주신 기독교포털뉴스 정윤석 대표기자님께 감사를 드립니다.

마지막으로, 무엇보다 힘들고 어려운 시간들을 견디며 함께 동역해준 아내 김제영과 두 아들 조나단, 조호수에게 마음 깊이 고마움을 전합니다.

이 책이 누군가의 삶을 조금이라도 더 안전하게, 더 단단하게 세우는 데 쓰인다면 그 모든 열매는 함께 걸어 준 여러분의 몫이라 믿습니다.

진심으로 감사드립니다.

일러두기

본서에 등장하는 모든 사례는 실제 상담과 사역 경험을 바탕으로 하되, 개인 식별이 불가능하도록 재구성·혼합·각색되었음을 밝힙니다. 집필 과정에서 자료 정리와 문장 다듬기를 위해 AI를 활용하였습니다.

추천의 글

둔산제일감리교회 문상욱 담임목사

조성철 목사님은 한우리기독학교를 설립하여 다음 세대를 길러 온 탁월한 교육 전문가입니다. 저 역시 목사님을 깊이 신뢰하여 본 교회의 자녀들을 한우리기독학교에 보내고 있습니다. 그동안 아이들이 학업과 인성, 그리고 믿음 안에서 균형 있게 성장하며 자신의 은사를 발견해 가는 모습을 지켜보며 깊은 감사를 느껴 왔습니다. 이는 단순한 대안 교육의 성과가 아니라, 분명한 신앙과 철학 위에 세워진 열매라고 확신합니다.

이 책은 그러한 현장의 경험과 AI 시대를 마주한 목회자의 사명감에서 출발한 결과물입니다. 기술이 빠르게 변하는 시대일수록, 자녀를 '어떤 사람'으로 세워야 하는지에 대한 분명한 기준이 필요함을 이 책은 분명하게 짚어 줍니다. 급변하는 세상 속에서 자녀 교육의 방향을 다시 점검하기 원하는 모든 부모님께, 이 책은 매우 시의적절하고도 귀한 안내서가 될 것입니다.

KOSTA 국제총무 유임근 목사

조성철 목사님은 탁월한 교육자이자 목회자입니다. 저는 KOSTA 사역 현장에서 목사님과 함께 수많은 청소년을 마주했습니다. 목사님을 통해 청소년들이 두려움 없이 평안한 마음으로 자신의 미래를 설계하도록 길을 열어 주시는 모습을 오랫동안 지켜봐 왔습니다.

목사님의 새 책은 그러한 목회적 사랑과 교육적 통찰이 고스란히 담겨 있습니다. 이 책은 두려움과 기대가 뒤섞인 AI 시대 앞에서, 학생과 학부모, 교회에 안전한 지침을 제시합니다. 이 책은 진로에 대한 바람직한 방향뿐만 아니라 인문학적 태도와 영성의 능력까지 아우르고 있어, 가정과 교회의 훌륭한 교육 교재가 될 것입니다.

부모가 이 책을 통해 자녀의 시대를 이해하고 동행한다면, 자녀로부터 깊은 공감과 신뢰를 얻는 데 이보다 더 적절한 도구는 없을 것입니다. 다음 세대를 섬기는 모든 가정과 교회의 손에 이 책이 들려지기를 진심으로 권합니다.

CTS 기독교TV 강경원 부사장

급변하는 미디어 현장에서 매일 마주하는 질문은 "AI 시대, 과연 우리는 무엇을 준비해야 하는가?"입니다. 그러나 기술이 발전할수록 역설적으로 더 중요해지는 것은 기술 자체가 아니라, 그것을 다루는 '사람의 본질'입니다. 조성철 목사님의 신간은 이 혼란한 시대를 사는 부모들에게 가장 명확하고 성경적인 해법을 제시합니다.

이 책은 시험을 잘 치르는 능력 이전에 창조적 상상력과 고귀한 성품 같은 'AI가 대체하지 못하는 능력'이야말로 진정한 경쟁력임을 설득력 있게 보여줍니다. 특히 "부모는 관리자가 아니라 정서 조율자가 되어야 한다"는 메시지는 성적과 스펙 관리에 지친 부모들에게 거룩한 충격과 울림을 줍니다. 정보는 AI가 제공할 수 있지만, 자녀의 마음을 지키고 삶의 의미를 해석해 주는 일은 오직 부모만이 감당할 수 있습니다. 불안한 부모에게 평안의 기준이, 자녀에게는 소명의 나침반이 되어 줄 이 책을 기쁨으로 추천합니다.

한동대학교 기계제어공학부 김재효 교수

조성철 목사님은 배운 것을 말로만 하지 않고 삶과 현장에 치열하게 적용해 온 실천가입니다. 이 책은 그런 목사님의 삶의 궤적을 정제된 언어로 담았습니다. 책을 읽는 내내 '이 글은 책상 앞이 아니라 아이들 곁에서 써 내려간 기록이구나'라는 생각이 들었습니다. 저자가 대안학교를 직접 운영하며 축적한 경험이 이론보다 앞서 있기에, 단순한 방법론이 아닌 정직한 고백으로 독자의 마음을 두드립니다.

이 책은 진로를 '직업 선택'이 아닌 '존재의 방향'으로, 부모를 '관리자'가 아닌 '정서 조율자'로 재정의합니다. 시대가 급변할수록 아이에게 필요한 건 정보가 아니라 흔들리지 않는 기준임을 분명히 말해줍니다. 자녀를 '어떻게 가르칠까'보다 자녀가 '어떤 어른이 될까'를 고민하는 분들에게, 이 책은 해답을 넘어 함께 걸을 든든한 동반자가 되어 줄 것입니다.

더엘그룹 대표 · 아신대학교 이미나 교수

다섯 아이를 키우는 엄마로서, 급변하는 AI 시대에 자녀를 어떻게 양육해야 할지 늘 고민해 왔습니다. 막연했던 질문들 앞에서 이 책은 매우 구체적으로 방향을 제시해 주었습니다. 진로를 성적과 성취가 아닌, 존재와 정체성의 문제로 바라보아야 한다는 저자의 관점은 제 양육관을 근본적으로 바꾸어 놓았습니다.

아이를 관리의 대상이 아닌 인격체로 존중하며 동행해야 한다는 메시지는 다둥이 부모인 제게 깊은 울림을 주었습니다. 부모의 역할이 통제보다 마음을 이해하고 정서를 지지하는 데 있음을 배우며, 두려움으로 가득했던 마음이 평안과 확신으로 변화되는 경험도 했습니다.

저 또한 교육자로서 성과가 아닌 존재 중심 교육으로 나아가야 한다는 방향성을 통해, 학생들을 대하는 새로운 시야를 얻게 됩니다. 삶의 긴 여정 속에서 결과와 성과만으로 자녀를 판단하기보다 그들을 믿고 신뢰하며 지지하게 하는 이 책은 부모와 교육자 모두에게 소중한 나침반이 될 것입니다. AI 시대를 살아가는 모든 분께 진심으로 추천합니다.

조성철 목사님을 보면 가장 먼저 '진심'이라는 단어가 떠오릅니다. 다음 세대를 향한 고민을 말이 아닌 삶으로, 그리고 한우리기독학교를 설립하여 직접 교육현장에서 실천해 오신 분이기 때문입니다.

이 책은 AI 시대에 자녀들의 진로의 문제를 정보 싸움이나 전략의 차원으로 설명하지 않습니다. 기술이 빨라질수록 아이들에게 진짜 필요한 것은 더 많은 기술이 아니라, 방향을 잡아주고 정서를 조율해 주는 '든든한 어른의 존재'임을 강조합니다. 특히 넘어지고 후회하면서도 다시 기도하며 자녀 앞에 서려는 '우리도 배워 가는 존재'라는 저자의 고백은 이 책의 진가를 보여줍니다.

방법론 이전에 어른으로서 어떤 태도로 아이 앞에 서야 할지를 되묻는 이 책을, 속도와 경쟁에 휩쓸리지 않고 중심을 잡기 원하는 모든 부모님께 기쁘게 추천합니다.

급변하는 AI 시대, 과거의 방식만으로는 한계가 분명합니다. 이제는 새로운 관점에서 미래를 대비해야 합니다. 이 책은 경험해 보지 못한 시대를 살아갈 자녀들이 무엇을 준비해야 하는지에 대해 선명한 해답을 제시합니다.

저자 조성철 목사님은 청소년 사역의 최전방인 한국게임과학고등학교 기숙사 사감과 교목을 거쳐, 현재 한우리기독학교를 운영하고 계신 현장 전문가입니다. 그렇기에 이 책은 복잡한 이론이 아닌, 교육 현장에서 직접 몸으로 부딪치며 체득한 가장 실제적이고 구체적인 대안들을 담고 있습니다.

책상 앞의 이론이 아니라 생생한 사례를 중심으로 풀어가기에 이 책은 더욱 설득력이 있으며, 피부에 와닿는 현실적인 길을 보여줍니다. 자녀들이 AI 시대를 막연한 두려움 대신 선제적으로 준비하기를 원하시는 모든 부모님께 기쁨으로 이 책을 추천합니다.

대전중앙교회 고석찬 담임목사

조성철 목사님은 오랜 시간 기독교 대안학교와 목회 현장에서 다음 세대의 삶을 가슴으로 품어 오신 분입니다. 그래서 이 책은 책상 위의 이론이 아니라, 진로 앞에서 흔들리는 아이들의 두려움을 함께 견뎌 온 시간 속에서 태어난 생생한 기록입니다.

목사님은 AI 시대의 진로를 고민하는 부모들에게 성적이나 직업보다 먼저, 정체성과 방향을 묻도록 이끕니다. 진로는 '무엇을 할 것인가'가 아닌 '누구로 살아갈 것인가'의 문제라는 것입니다. 부모는 관리자가 아닌 '정서 조율자'로 부름받았다는 이 책의 통찰은 매우 명료하면서도 깊은 울림을 줍니다.

기술이 아무리 발전해도 대체될 수 없는 것은 무엇일까요? 그것은 사람의 실력이나 능력보다 사람다움과 참된 신앙이라고 저자는 강조합니다. 우리의 중심이 무엇인지 고민하고 붙들도록 돕는 이 책은, 불안한 시대를 살아가는 부모와 가정에 따뜻한 조력자가 되어 줄 것입니다.

주원침례교회 김주원 담임목사(한국침례신학대학교 겸임교수)

오늘날 전 세계의 화두는 단연 AI(인공지능)입니다. 이제는 AI를 탑재한 휴머노이드 로봇까지 우리의 일상으로 들어올 준비를 하고 있습니다. 단순한 변화라고 하기엔 너무나 급격한 이 흐름 앞에서 우리는 당황스러움을 느낍니다. 혼란을 잠재우고 나아가야 할 방향을 제시하는 책이 우리에게 절실한 때입니다.

특별히 그리스도인 부모는 이 거대한 변화 앞에서 어떻게 반응해야 할지 무거운 숙제를 안고 살아갑니다. 이 책은 총 2부 11장에 걸쳐 AI 시대 자녀 진로를 위해 부모가 해야 할 역할과 태도가 무엇인지 명쾌하게 안내합니다. 자녀 진로지도 문제를 깊이 고민하는 그리스도인 부모들에게 샘물과 같은 시원함을 선사할 조성철 목사의 신간을 강력하게 추천합니다.

1516교회 이상준 담임목사

오늘날 아이들은 어느 세대보다 풍요롭지만, 역설적으로 가장 위축되고 높은 불안 속에 살고 있습니다. 부모들이 불확실한 미래에 대한 두려움으로 자녀에게 영성과 인성 대신 성적과 연봉이라는

'숫자'를 강요하는 경우가 적지 않기 때문입니다. 우리는 아이들을 기계처럼 정확한 존재로 밀어붙이며, 정작 인간이 기계를 닮아가는 모순된 시대를 만들고 있습니다.

"엄마가 기뻐할 직업을 갖는 게 꿈"이라는 한 중학생의 아픈 고백은, 이제는 경쟁에서 밀려난 아이뿐 아니라 부모에게 순종적인 아이조차 불행해질 수밖에 없는 현실을 보여줍니다. 과연 이 거대한 기술의 파도 앞에서 우리 아이들을 어떤 존재로 키워야 할 것인지 궁금하다면 이 책을 꼭 읽어보십시오.

AI 시대에 자유의지를 가진 존귀한 하나님의 형상으로 살아간다는 것이 무엇인지, 이 책을 한 챕터씩 읽을 때마다 속이 후련해질 것입니다. 우리가 너무나도 잘 알고 있지만 현실에 대한 불안감 때문에 외면하고 있던 교육의 본질, 인생의 본질을 되찾는 시간이 될 것입니다. 모든 학부모님들에게 일독을 권합니다.

예수전도단 소속 캄보디아 김준·한소희 선교사

기능과 경쟁력만으로는 가치를 증명할 수 없는 시대가 도래했습니다. 바로 AI 시대입니다. 선교사 부부인 저희 역시 이 시대를 살아갈 아이들을 생각하며 깊은 고민을 피할 수 없었습니다. 조성철 목사님은 교육과 영성 훈련의 현장에서 이미 오랜 동안 이 질문을 하며 치열하게 사역해 온 분입니다.

이 책은 불안한 시대 속에서 부모가 붙들어야 할 것이 무엇인지를 명확히 제시합니다. 이론이 아닌 현장에 뿌리를 둔 구체적인 사례들은, 말로 다 표현 못할 아이들의 내면을 깊이 이해하도록 도와줍니다.

"AI 시대의 인간은 더욱 인간다워져야 한다." 이 한 문장이 책의 핵심을 관통합니다. 아이들을 기능인이 아닌 온전한 '사람'으로 세우기 위해 씨름하는 부모님들께, 이 책은 그 선택이 틀리지 않았다는 확신과 함께 따뜻한 용기를 선물할 것입니다.

예수전도단 대전지부장 이윤호 목사

저자 조성철 목사님은 오랜 시간 하나님 앞에서 다음 세대를 향한 분명한 방향을 묻고, 그 답을 삶으로 살아낸 분입니다. 그렇기에 이 책은 단순한 교육 이론서가 아닙니다. 성경의 영원한 진리를 실제 교육 현장과 삶의 자리에서 자녀들에게 전수해 온 치열한 고민과 기도의 열매입니다.

AI가 인간의 지능을 앞서가는 시대라고 합니다. 하지만 저자는 기술보다 더 중요한 것은 '하나님의 자녀라는 정체성'과 '삶의 태도'임을 분명하게 말합니다. 이 책은 정답을 외우는 아이가 아니라, 가치를 해석하고 재창조하는 인생의 지휘자로 자라게 하는 길을 제시합니다. 청소년 자녀를 둔 부모들에게, AI 시대의 삶의 이정표가 되어 줄 이 책을 진심으로 추천합니다.

론에 머무르지 않고, 현재 아이들의 삶 속에서 살아 움직이고 있다는 사실이 인상 깊습니다.

이 책이 더 많은 부모들에게 읽혀져 더 많은 다음 세대가 하나님 앞에 바르게 세워져 가기를 소망합니다.

저자의 첫째아들 조나단(Allthings 예배팀 대표, 라이트온 학교기도불씨운동 간사)

이 책은 오랜 시간 가정과 학교, 그리고 치열한 상담의 현장에서 다음 세대와 직접 부대끼며 쌓아온 질문과 대답의 생생한 기록입니다. 아버지께서는 저를 성적이나 직업으로 규정하지 않으셨습니다. 대신 제가 하나님 앞에 어떤 존재로 서야 할지를 먼저 고민하며, 결과보다 과정을 소중히 여기는 태도를 삶으로 보여주셨습니다.

아버지는 제 앞길을 대신 정해주기보다 제가 하나님께 묻고 스스로 결정할 수 있도록 늘 한 걸음 물러서서 기다려 주셨습니다. 누군가 저를 칭찬할 때마다 "하나님이 키우신 것이다"라고 하셨던 그 고백은 제 삶의 기준이 되었습니다. 이 책에는 아이를 부모의 소유나 관리 대상이 아닌, 하나님 앞의 존귀한 인격체로 존중하는 아버지의 그 마음이 고스란히 담겨 있습니다.

이 책을 읽는 모든 부모님께, 내가 끌고 가려는 조급함을 내려놓고 하나님을 신뢰하는 용기가 주어지길 기도합니다. 이 책이 다음 세대를 향한 믿음의 여정에 따뜻한 길잡이가 되기를 바랍니다.

프롤로그

우리는 지금 단순한 산업 변화를 넘어, 문명 전환의 한복판에 서 있습니다. 제가 어릴 때, 그리고 많은 부모 세대가 자라던 시절에는 "공부 잘하면 성공한다"는 공식이 꽤 오랫동안 유효했습니다. 성적이 좋으면 좋은 학교에 가고, 좋은 학교를 가면 안정적인 직장을 얻고, 그러면 인생이 어느 정도 보장되는 것처럼 여겨졌습니다.

그러나 인공지능(AI)의 등장은 이 공식을 근본부터 흔들어 놓았습니다. 지식, 계산, 암기, 분석과 같은 영역은 이미 AI가 인간보다 빠르고 정확하게 수행합니다. 앞으로도 수많은 직업이 사라지거나, 이름은 남아 있어도 역할과 방식이 완전히 재편될 것입니다. 이 격변 앞에서 부모님의 마음에는 깊은 불안이 자리합니다.

"우리 아이는 무엇을 준비해야 할까요?"

"이대로 공부만 시켜도 괜찮을까요?"

그래서 우리는 아이들을 더 많은 학원으로 보내고, 더 높은 성적이라는 목표를 향해 밀어붙이기도 합니다. 하지만 상담실과 목양실, 강의 현장에서 제가 반복해서 만나는 현실은 또 다른 방향을 가

리킵니다.

아이들은 성적이 아니라 마음에서 먼저 흔들리고 있었습니다.

"공부는 하는데, 왜 이렇게 무기력할까요?"

"뭐든 해 줄 만큼 해 주었는데, 아이가 꿈이 없대요."

"열심히 해야 한다는 건 아는데… 왜 사는지 모르겠어요."

저는 이 질문들 속에서 AI 시대의 진짜 과제가 어디에 있는지 보게 됩니다. AI 시대의 진로는 더 이상 대학과 직업만의 문제가 아닙니다. 이제 진로는 "어떤 직업을 가질 것인가"를 넘어, "어떤 존재로 살아갈 것인가"를 묻는 문제입니다.

AI가 대신할 수 없는 인간의 고유한 영역—정체성, 감정, 인격, 관계, 책임, 공감—그리고 하나님 앞에서의 존재감을 세우는 일이 앞으로 우리 아이들의 미래를 지켜 줄 가장 실제적인 해법이라고 저는 믿습니다.

공부보다 먼저 세워야 할 것들

저는 HIS University에서 Family Ministry Ph.D(가정사역박사)를 공부하며 신앙과 가정, 발달과 진로, 상담과 다음 세대 사역을 이론적으로 깊이 다룰 수 있는 기회를 주님께 받았습니다. 또한 한국게임과학고등학교에서 기숙사 사감으로 섬기며, 게임에 빠져 있는 아이들, 가정의 상처로 힘들어 하는 아이들, 진로 앞에서 울고 있는 아이들을 곁에서 보듬는 시간을 보냈습니다.

여기에 더해, 저는 한우리기독학교의 설립자이자 운영자로서 아이들의 삶을 '교육 현장' 안에서 매일 가까이 보고 있습니다. 학교는 성적과 생활 지도의 장이기도 하지만, 저에게 학교는 무엇보다 아이들의 정체성과 인격이 형성되는 자리입니다. 교실과 상담실, 예배와 생활 지도, 관계의 갈등과 회복의 과정 속에서 저는 한 가지를 반복해서 확인합니다. 아이들은 "무엇을 하느냐" 이전에 "누구로 살아가느냐"를 붙들어 주는 어른이 필요합니다. 그리고 그 어른이 흔들리지 않기 위해서는, 가정과 학교, 그리고 교회가 같은 방향의 언어와 기준을 공유해야 합니다.

지금은 대전한사랑감리교회 담임목사로 교회 안팎에서 다음 세대와 부모 세대를 함께 섬기며, AI 시대를 살아가는 가정의 기쁨과 눈물을 매주 가까이에서 보고 있습니다. 이 세 자리—학교, 상담 현장, 교회—에서 제가 붙들게 된 결론은 분명합니다.

아이의 진로는 성적표에서 시작되지 않습니다.

아이의 진로는 부모의 눈빛에서, 부모의 언어에서, 부부 관계에서 만들어지는 정서적 토대에서 시작됩니다.

성적은 아이의 '지금'을 보여줄 수 있습니다. 그러나 성품, 회복 탄력성, 자아존중감, 그리고 의미를 읽는 힘은 그 아이의 '평생'을 지탱합니다. 그래서 저는 AI 시대 부모의 역할을 이렇게 정의하고 싶습니다.

"이제 부모는 관리자가 아니라 정서 조율자가 되어야 합니다."

아이의 스케줄과 성적을 관리하는 역할을 넘어, 아이의 불안을 낮추고 흔들리는 마음을 붙들어 주며 하나님 안에서 다시 숨 쉬게 도와주는 사람. 이것이 AI 시대에 하나님께서 부모에게 맡기신 새로운 부르심이라고 믿습니다.

이 책은 어떤 여정을 함께 걷자는 초대인가?

이 책은 두 개의 큰 흐름으로 구성되어 있습니다.

제1부: 흔들리는 아이의 '존재'를 세우다

먼저, 아이를 성적이 아니라 존재로 다시 바라보는 눈을 회복하는 여정을 함께 걷습니다.

- 발달 단계별로 아이가 정말 필요로 하는 것이 무엇인지
- AI 시대를 어떻게 이해해야 하는지
- 진로를 '직업'이 아닌 '부르심'의 관점에서 어떻게 재해석할 수 있는지
- 그리고 그 과정에서 가정과 부부 관계가 어떤 토대를 제공해야 하는지를 나눕니다.

여기서 우리는 "우리 아이는 어떤 대학에 가야 합니까?"라는 질문보다, "우리 아이는 하나님 앞에서 어떤 사람으로 서야 합니까?"라는 더 근본적인 질문을 함께 붙들려 합니다.

제2부: AI 시대, 아이의 내면 역량을 키우다

두 번째 부분에서는 AI가 대신할 수 없는 내면의 기둥들을 다룹니다.

- 직업을 돈의 수단이 아니라 하나님의 부르심과 사랑의 도구로 세우는 관점
- 하나님의 형상을 닮아가는 성품과 오리지널 디자인인 '샬롬'의 회복
- 넘어지지 않는 인생이 아니라 넘어져도 다시 일어서는 회복탄력성
- 세상의 기준이 아닌 하나님의 눈으로 나 자신과 세상을 보는 자아존중감
- AI 시대가 요구하는 참된 능력(창조적 상상력·공감·적응·협동)
- 영어와 문해력, 그릿을 하나님 나라의 도구로 준비하는 관점

결국 이 책이 말하고 싶은 핵심은 단순합니다.

AI 시대의 해답은 '더 많은 스펙'이 아니라 '더 온전한 존재'입니다. 기술이 빨라질수록, 아이의 내면은 더 깊이 세워져야 합니다.

이 책을 어떻게 읽으면 좋을지

이 책은 '전문가를 위한 이론서'라기보다, 지금 눈앞의 자녀와 씨름하고 있는 부모님을 위한 동행 노트입니다. 그래서 각 장마다 다음과 같은 내용을 담았습니다.

- 말씀과 신학, 발달심리와 상담의 관점

- 목회와 학교·상담 현장에서 만난 실제 사례

- CTS 「신앙에세이」와 여러 특강에서 나누었던 핵심 내용

- 그리고 바로 가정에서 적용해 볼 수 있는 실천 체크리스트와 소그룹 나눔 질문

이 책을 읽는 동안 부모님 안에 다음과 같은 변화가 한 가지라도 일어난다면, 저는 그 자리에서 하나님께서 새 일을 시작하신다고 믿습니다.

- 성적보다 존재를 먼저 붙드는 눈이 열립니다.

- 아이의 문제를 '훈계'보다 '해석'으로 다루는 언어가 생깁니다.

- 길을 대신 정해 주는 조급함 대신, 기준을 세워 주는 평안이 자랍니다.

- 가정이 성취의 전쟁터가 아니라 회복의 안전지대가 되어 갑니다.

마지막 고백과 소망

솔직히 말씀드리면, 저 역시 완벽한 부모가 무엇인지 모릅니다. 다만 넘어지면서 다시 배우고, 후회하면서 다시 기도하고, 실수하면서도 다시 자녀 앞에 서 보려고 애쓰는 '배워가는 부모' 중 한 사람일 뿐입니다. 그래서 이 책은 "이렇게만 하면 됩니다"라고 가르치는 책이 아니라, 이렇게 말하고 싶은 책입니다.

"저도 여기서 많이 넘어졌습니다. 우리 같이, 여기서부터 다시 시작해 보

시지 않겠습니까.”

이 책을 펼쳐 드신 모든 부모님의 가정 위에 하나님의 지혜와 위로가 함께하시기를, 그리고 AI 시대를 살아갈 우리 자녀들이 세상의 속도에만 끌려가지 않고 하나님의 부르심을 따라 자기 길을 담대히 걸어가는 세대가 되기를 진심으로 축복합니다.

2026년 1월
대전한사랑감리교회 목양실에서
조성철 목사

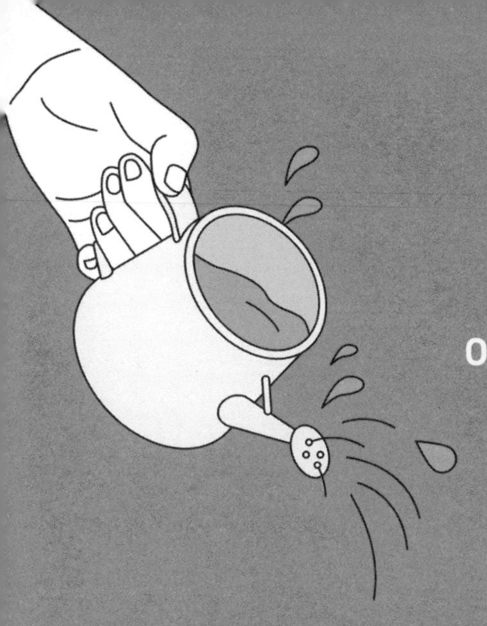

1부

이해 –

아이, 시대, 길을 다시 보다

제1장

자녀 이해

— AI 시대, 진로 준비는 '공부'가 아니라 '존재'에서 시작

1. 성적 중심 양육의 한계와 아이의 실제 필요

1) 우리는 아이를 '성적'으로만 보고 있지는 않은가?

부모 상담을 하다 보면 제가 가장 많이 듣는 말이 있습니다.

"목사님, 우리 아이는 공부는 잘하는데 왜 이렇게 무기력할까요?"

"뭐든 해 줄 만큼 해 주었는데, 아이가 꿈이 없대요."

이 말 속에는 공통점이 담겨 있습니다. 부모님들은 아이를 위해 할 수 있는 거의 모든 것을 해 주었다고 느끼시지만, 정작 아이는 삶의 방향 앞에서 힘을 잃어 가고 있다는 사실입니다.

이 지점에서 부모님들의 마음은 더 조급해지고, 아이에게 더 많은 기준과 요구를 덧붙이게 됩니다. 그러나 상담 현장에서 반복해서 확인하게 되는 사실은 이것입니다. 아이의 무기력은 부족한 훈련의 결과가 아니라, 존재로 충분히 바라보지 못한 시간의 결과라는 점입니다.

부모는 아이의 성적을 키운다고 생각하지만, 사실은 아이의 인생 전체를 키우고 있다는 사실을 잊기 쉽습니다. 성적은 지금의 능력을 보여 줄 수는 있지만, 아이가 어떤 사람으로 자라고 있는지를 대신 말해 주지는 못합니다. 아이의 정체성, 감정 조절 능력, 관계를 맺는 방식, 실패를 견디는 힘은 시험지에 나타나지 않기 때문입니다.

AI 시대가 되면서 이 진리는 더욱 분명해졌습니다. 지식, 계산, 분석, 암기는 이미 인공지능이 인간보다 훨씬 빠르고 정확하게 수행합니다. 그러나 인공지능이 대신할 수 없는 것이 있습니다. 그것은 정체성, 감정, 인격, 관계, 그리고 하나님 앞에서의 존재감입니다.

진로는 대학과 직업의 문제가 아니라 '어떤 존재로 살아갈 것인가'의 문제이며, 그 방향은 대부분 어린 시절의 발달 과정 속에서 이미 형성되기 시작합니다. 성적 중심 양육이 오래 지속될수록 아이는 이렇게 배웁니다.

"잘하면 괜찮다."

"못하면 위험하다."

이 구조 속에서 아이는 도전보다 안전을, 탐색보다 회피를 선택하게 됩니다. 이것이 바로 많은 아이들이 '꿈이 없다'고 말하는 진짜 이유입니다.

2) 성경은 진로를 '직업'이 아니라 '부르심'으로 말합니다.

성경에서 '진로'라는 개념은 한 번도 직업 선택 문제로만 다루어 진 적이 없습니다.

성경은 언제나 진로를 부르심의 문제로 다룹니다.

아브라함 - "어디로 갈지 알지 못했으나" 떠난 사람

요셉 - 노예생활과 감옥 속에서도 하나님과 함께 동행한 사람

다윗 - 양치기에서 왕으로 세워진 사람

바울 - 박해자에서 복음의 사도가 된 사람

이들의 공통점은 하나입니다. 직업이 먼저가 아니라, 하나님과의 관계가 먼저였습니다.

성경적 진로의 순서는 언제나 이렇습니다.

정체성 → 사명 → 직업

오늘날 많은 아이들은 이 순서가 완전히 거꾸로 되어 있습니다.

직업 → 성취 → 존재 인정

이 구조 속에서는 아이가 아무리 성공해도 마음 깊은 곳에서는 공허함이 사라지지 않습니다. 존재가 성취에 매달려 있기 때문입니다.

부모가 이 구조를 먼저 인식하지 못하면, 아이는 평생 자신을 증명해야 하는 인생을 살게 됩니다.

2. 발달 단계로 본 정체성의 형성(영유아기~청소년기)

1) 발달 과정에 따른 자녀의 진짜 필요

아이의 성장은 결코 직선적이지 않습니다. 어떤 시기에는 눈에 띄게 자라는 것처럼 보이다가, 어떤 시기에는 멈춘 것처럼 느껴지기도 합니다. 그래서 많은 부모님들이 불안해하십니다. "지금 이 정도면 괜찮은 걸까요?" 그러나 아이의 성장은 성적 곡선이 아니라 발달 곡선입니다. 발달 곡선에는 반드시 거쳐야 할 단계와, 그 단계마다 채워져야 할 정서적 필요가 존재합니다.

상담과 교육현장에서 반복해서 확인하는 사실은 이것입니다. 각 발달 단계에서 충분히 채워지지 않은 필요는 사라지지 않습니다. 다만 모습만 바뀌어, 훗날 진로의 불안, 관계의 어려움, 신앙의 흔들림으로 다시 나타날 뿐입니다. 그래서 진로를 준비한다는 것은, 미래를 앞당겨 훈련시키는 일이 아니라 지나온 발달 과정을 다시 점검하는 일에 가깝습니다.

① **영유아기(0~2세):** "이 세상은 안전한가?"

이 시기의 아이는 말을 배우기 전에 이미 세상을 해석합니다. 아이의 신경계는 부모의 반응을 통해 세상을 바라보는 눈을 결정합니다. 울 때 어떻게 반응해 주는지, 안아 주는지, 혹은 외면하는지를 통해 아이는 이렇게 마음속에 저장합니다.

"세상은 안전하다" 혹은 "세상은 위험하다."

요즘 부모님들은 아이와 함께 있는 시간이 과거보다 훨씬 많아졌다고 느끼십니다. 그러나 중요한 것은 함께 있는 시간의 양이 아니라, 마음이 실제로 아이에게 가 있는지입니다. 스마트폰 화면을 보며 아이를 안고 있는 것과, 아이의 눈을 바라보며 반응해 주는 것은 아이의 신경계에 전혀 다른 메시지를 줍니다.

이 시기에 형성된 기본 신뢰는 평생의 토대가 됩니다. 사람에 대한 신뢰, 권위에 대한 신뢰, 그리고 하나님에 대한 신뢰까지 이 기초 위에서 자라납니다. 신앙이 흔들리는 많은 성인들의 이야기를 따라가 보면, 믿음의 문제가 아니라 의지의 구조가 충분히 세워지지 못한 성장 과정을 발견하게 됩니다.

부모의 품은 아이에게 첫 번째 교회이며, 첫 번째 하나님 이미지입니다. 하나님을 '설명해야 할 분'으로 가르치기 이전에, 아이는 부모의 품을 통해 하나님을 '의지할 수 있는 분'으로 경험합니다.

✏️ 실제 상담 사례 1 : 안고 있었지만, 보고 있지는 않았습니다

어느 날, 한 어머니가 두 살배기 아이의 문제로 상담을 요청했습니다. 아이는 밤마다 자주 깨고, 잠들 때마다 엄마를 놓지 못했습니다. 병원 검사에서는 반복해서 '이상 없음'이라는 소견만 나왔습니다.

상담 중 아이의 하루 일과를 함께 살펴보던 중, 한 가지 공통된 장면이 드러났습니다. 어머니는 하루 종일 아이와 함께 있었지만, 대부분의 시간 동안 스마트폰을 손에서 놓지 못하고 있었습니다. 아이를 안고 있으면서도, 재우면서도 시선은 자주 화면을 향해 있었습니다.

그때 저는 이렇게 정리해 주었습니다.

"아이를 안고는 계셨지만, 아이를 '보고' 있지는 않으셨습니다."

아이의 불안은 병이 아니라 정서적 접촉의 결핍에서 오는 신호였습니다. 두 살 아이에게 안정감은 말이나 설명이 아니라, 부모의 눈맞춤과 반응, 따뜻한 관심을 통해 형성됩니다. 아이는 '함께 있음'보다 '마음이 나에게 와 있는지'를 더 민감하게 느낍니다. 이에 저는 어머니에게 세 가지 대안을 제시했습니다.

첫째, 하루에 짧더라도 스마트폰 없이 전적으로 아이에게 집중하는 시간을 가질 것.

둘째, 잠들기 전 시간을 훈육이 아닌 정서적 연결의 루틴으로 재구성할 것.

셋째, 아이의 불안을 다루기 전에 부모 자신의 속도와 긴장을 먼저 점검할 것.

아이의 불안은 부모를 비난하는 문제가 아니라, 관계를 회복하라는 신호입니다. 부모가 아이를 진심으로 바라볼 때, 아이는 비로소 세상을 안전하게 느끼기 시작합니다.

② **유아기(3~6세): "나는 사랑받아도 되는 존재인가?"**
유아기의 아이는 하루에도 수십 번씩 확인합니다.

"내가 이래도 괜찮을까?" "못해도 사랑받을 수 있을까?"

이 질문은 말로 나오기보다 행동과 감정으로 표현됩니다. 갑작스러운 짜증, 이유 없는 울음, 집착적인 반응 속에는 이 질문이 숨어 있습니다.

이 시기에 부모의 반응은 아이의 자아존중감의 씨앗이 됩니다. 반복적인 비교는 아이에게 '나는 늘 부족하다'는 정체성을 남기고, 조건부 칭찬은 '잘해야만 사랑받는다'는 공식을 심어 줍니다. 반대로 실수해도 관계가 유지되는 경험은 아이에게 평생 흔들리지 않는 메시지를 남깁니다.

"나는 존재 자체로 괜찮다."

부모님들께서 가장 조심하셔야 할 것은, 훈육의 내용보다 훈육의 분위기입니다. 같은 말이라도 어떤 표정과 정서 속에서 전달되느냐에 따라 아이에게는 전혀 다른 의미로 저장됩니다.

실제 상담 사례 2: 유아기의 몸이 보내는 신호

유아기 자녀가 아침마다 배가 아프다며 어린이집이나 학교에 가기 싫어했습니다. 병원 검사를 받았지만 특별한 이상은 발견되지 않았습니다. 상담 과정에서 아이의 말을 천천히 따라가 보니, 아이의 두려움이 드러났습니다.

"제가 틀리면, 엄마가 화를 내요."

아이는 아직 '성적'이나 '평가'를 이해하기보다, 부모의 표정과 반응을 통해 사랑의 안전 여부를 판단하고 있었습니다. 유아기 아이에게 부모의 반응은 곧 세상의 규칙입니다. 잘했을 때 웃는 얼굴, 틀렸을 때 굳어지는 표정은 아이에게 이렇게 해석됩니다.

'나는 잘할 때만 사랑받는다.'

이 아이의 복통은 신체 문제가 아니라, 사랑이 조건부일 수 있다는 불안을 몸으로 표현한 신호였습니다. 유아기에는 말로 감정을 정리할 수 없기 때문에, 불안은 종종 배 아픔, 두통, 잦은 울음으로 나타납니다. 이에 부모에게 분명한 대안을 제시했습니다. 유아기에는 결과보다 정서적 안정감을 먼저 확보해야 한다는 것입니다.

틀렸을 때 바로 가르치기보다, 먼저 안아주고 괜찮다고 말해 주는 것. 평가보다 관계가 먼저 유지된다는 경험을 반복해서 심어주는 것이 필요합니다. 유아기의 자아존중감은 성취를 통해 자라지 않습니다. 유아기의 자아존중감은 무조건적인 사랑이 끊어지지 않는다는 확신 속에서 자랍니다. 아이의 몸은 이미 그 진리를 알고 있었고, 배 아픔은 그 신호였습니다.

③ 아동기(7~12세): "나는 할 수 있는 사람인가?"

아동기의 핵심 과제는 자기효능감입니다. 아이는 끊임없이 스스로에게 묻습니다.

"나는 시도해도 될까?"

"실패해도 다시 할 수 있을까?"

이 질문에 대한 부모의 반응이 아이의 도전 태도를 결정합니다.

이 시기의 아이에게 실패는 단순한 결과가 아니라 자기 평가의 근거가 됩니다. 실패했을 때 비난을 경험한 아이는 도전을 위험한 일로 인식하고, 실패 후에도 지지를 경험한 아이는 실패를 배움의 일부로 받아들입니다. 이 차이는 훗날 진로 앞에서 아이가 새로운 길을 탐색할 수 있는지, 아니면 안전한 길만 고집하게 되는지를 가릅니다.

✎ 실제 상담 사례 3

한 아이는 작은 실수에도 심하게 위축되었고, 새로운 시도 앞에서 스스로 물러서는 모습을 보였습니다. 이유를 묻자 아이는 이렇게 말했습니다.

"틀리면 집에 가서 혼나요. 그래서 저는 차라리 안 하는 게 좋아요."

이 아이의 문제는 능력이 부족해서가 아니었습니다. 실패를 견디는 심리적 근육이 충분히 자라지 못했기 때문이었습니다. 아이에게 실패는 배움의 과정이 아니라, 자신이 부정당하는 경험이었고, 그 결과 시도 자체가 위험한 일이 되어 버렸습니다. 결국 진로를 탐색하고 선택하는 일은 아이에게 '도전'이 아니라 '회피해야 할 두려움'이 되었습니다.

아동기 아이에게 부모의 반응은 단순한 훈육이 아니라, 자기효능감을 형성하는 토대입니다. 실패했을 때 비난을 먼저 경험한 아이는 "나는 못하는 사람"이라는 결론에 이르지만, 실패 후에도 다시 시도

할 수 있도록 지지받은 아이는 "나는 다시 해볼 수 있는 사람"이라는 믿음을 갖게 됩니다. 아동기의 진짜 교육은 정답을 맞히는 능력이 아니라, 실패 이후에도 자신을 포기하지 않는 힘을 길러 주는 데 있습니다. 그 힘이 자랄 때, 아이는 비로소 자신의 가능성을 향해 한 걸음을 내딛게 됩니다.

④ 청소년기(13~19세): "나는 누구인가?"

청소년기는 정체성이 태어나는 시기입니다. 이 시기의 질문은 성적보다 훨씬 깊습니다.

"나는 어떤 사람인가?"

"나는 무엇을 위해 살아야 하는가?"

사춘기는 문제의 시기가 아니라 자아가 확립되는 산고의 시간입니다. 그러나 많은 부모님들은 이 시기를 통제와 관리의 관점에서만 바라봅니다. 그 결과 아이는 자기 생각을 탐색하기보다, 부모의 기대에 맞추는 법을 먼저 배우게 됩니다. 정체성이 충분히 형성되지 못한 상태에서 다가오는 진로 선택은 부담이 됩니다.

✏️ 실제 상담 사례 4: "이게 제 인생인가요?"

고등학교 3학년 학생이 상담실에 들어와 조용히 앉아 있다가 이렇게 말했습니다.

"이게 제 인생인가요?"

성적은 중상위권이었고, 부모가 원하는 진로 방향도 비교적 분명해 보였습니다. 겉으로 보기에는 큰 문제가 없어 보였지만, 아이의 얼굴에는 생기가 없었습니다. 진로 이야기를 꺼내면 늘 같은 말만 반복했습니다.

"부모님이 정해 주신 대로 하면 되죠."

상담을 통해 아이의 이야기를 따라가 보니, 문제는 진로 정보나 의지가 아니었습니다. 아이는 오랫동안 자신의 생각을 묻는 질문을 거의 받아본 적이 없었습니다. 사춘기 동안 부모가 던진 질문은 대부분 성적과 태도에 관한 것이었고, 아이의 고민과 가치에 대한 질문은 늘 뒤로 밀려 있었습니다.

그 결과 아이는 이렇게 결론 내렸습니다.

"내 생각은 중요하지 않다."

"나는 선택하는 사람이 아니라, 맞춰야 하는 사람이다."

이 아이에게 청소년기는 자아를 든든히 세워가는 시간이 아니라, 부모의 기대에 반응하는 법을 훈련하는 시기가 되어 버렸습니다. 정체성이 충분히 형성되지 못한 상태에서 다가온 진로 선택은, 사명을 찾는 과정이 아니라 주어진 길에서 벗어나지 않기 위한 선택이었습니다.

이 사례는 보여 줍니다.

청소년기의 질문을 막아버린 아이는, 훗날 직업을 통해 자신을 증명하거나 혹은 책임을 피하기 위한 도피처로 일을 선택하게 된다는 사실을 말입니다.

청소년기는 문제의 시기가 아니라, 자아 정체성이 세워지는 시간입니다. 이 시기에 필요한 것은 통제가 아니라, 아이 스스로 "나는 누구인가?"를 묻고 대답할 수 있도록 곁에서 기다려 주는 어른입니다.

3. AI 시대 부모의 역할

1) 부모의 역할: 관리자에서 '정서 조율자'로

지금까지 많은 부모님들은 아이의 인생을 잘 관리해 주는 것이 좋은 부모의 역할이라고 배워 왔습니다.

- 성적 관리자,

- 학원 관리자,

- 일정 관리자,

- 성취 관리자

그러나 AI 시대는 전혀 다른 부모를 요구합니다.

이제 부모는 아이의 인생을 대신 설계하는 관리자가 아니라, 아이의 정서를 안정시키는 조율자가 되어야 합니다. 조율자란, 아이의 감정을 대신 없애 주는 사람이 아니라, 아이가 자신의 감정을 견디며 선택할 수 있도록 옆에 서 있는 사람입니다.

부모의 불안은 설명보다 훨씬 빠르게 아이에게 전달됩니다. 부모가 불안하면 아이는 이유 없이 압박을 느끼고, 부모가 비교하면 아이는 스스로를 의심하게 됩니다. 반대로 부모가 하나님 안에서 안정되면, 아이는 설명하지 않아도 안전을 배웁니다.

2) 진로 준비의 출발점은 '정서 안정'입니다

많은 부모들이 아이의 진로를 물을 때 이렇게 질문합니다.

"우리 아이는 어떤 대학을 가야 할까요?"

"어떤 직업이 안정적일까요?"

그러나 진로 상담의 현장에서 항상 먼저 무너져 있는 것은 대학이나 직업이 아니라 아이의 정서 안정입니다.

- **불안이 높은 아이** → 선택 자체를 두려워합니다.
- **실패 경험을 견디지 못하는 아이** → 도전을 회피합니다.
- **관계 불안이 큰 아이** → 협업이 필요한 진로를 피합니다.
- **자기 정체성이 약한 아이** → 직업이 곧 '자기 존재'가 됩니다.

진로는 기술이 아니라 마음의 문제입니다.

아이의 마음이 먼저 서지 않으면, 그 어떤 기술도 결국 아이를 살리지 못합니다. 정서가 불안정한 상태에서 선택한 진로는 사명이 아니라 도피처가 되기 쉽습니다.

또한 실패를 견디지 못하는 아이에게 직업은 도전이 아니라 위협이 됩니다.

고등학교 2학년 남학생이 상담실에 들어와 이렇게 말했습니다.

"저는 아무것도 하고 싶은 게 없어요."

부모는 아이를 게으르다고 생각했습니다. 목표가 없고, 의욕이 없으며, 진로에 대해 아무 말도 하지 않는 모습이 답답하게 느껴졌기 때문입니다.

그러나 상담을 통해 아이의 이야기를 천천히 따라가 보니, 문제는 '꿈이 없는 것'이 아니었습니다. 아이의 내면에는 실패를 견딜 힘이 거의 남아 있지 않았습니다. 어릴 때부터 작은 실수에도 비교당했고, 성적이 조금만 떨어져도 강한 질책을 받아왔습니다. 그 경험이 반복되며 아이는 이렇게 결론 내렸습니다.

"안 하면 욕 안 먹는다."

이 아이에게 진로는 가능성을 탐색하는 과정이 아니라, 실패하면 관계가 무너질 수 있는 위험한 선택이었습니다.

그래서 아이는 꿈을 찾지 못한 것이 아니라, 꿈을 시도하지 않기로 선택한 것이었습니다.

이 사례는 분명히 보여 줍니다.

정서적으로 안정되지 않은 아이에게 진로는 사명이 아니라 도피처가 되며, 실패를 견디지 못하는 아이에게 선택은 자유가 아니라 위협이 됩니다.

아이의 진로 문제는 의지의 문제가 아니라, 정서를 조율해 줄 어른이 곁에 있었는가의 문제였습니다.

3) 부부 관계는 자녀 진로의 '보이지 않는 토대'입니다

많은 부모는 자녀 교육을 이야기할 때 항상 아이의 문제만 바라봅니다. 하지만 아이의 인생에서 가장 큰 안정감은 부모의 시선이나 말에서 나오지 않고 부부 관계에서 나옵니다. 부부 관계가 안정된 가정에서는 아이에게 따로 '안정 교육'을 하지 않아도 자연스럽게 정서적 토대가 형성됩니다. 그러나 부부 갈등이 지속되는 가정에서는 아이가 아무리 공부를 잘해도 내면은 항상 긴장 상태로 살아갑니다.

- **갈등이 잦은 가정** → 아이는 항상 눈치를 봅니다.
- **냉담한 가정** → 아이는 애정 결핍 상태로 자랍니다.
- **통제적인 가정** → 아이는 자유로운 선택을 두려워합니다.

이런 정서 구조 속에서 자란 아이는 진로를 "하고 싶은 것"이 아니라 "부모가 덜 화낼 것 같은 것"으로 선택하게 됩니다.

✏️ 실제 상담 사례 6: "제가 뭘 선택하든 싸움이 날 것 같아요"

한 대학생이 진로 문제로 상담을 요청했습니다. 성적도 좋았고, 주변에서 보기에는 충분한 능력을 갖춘 학생이었습니다. 그러나 진로 선택을 앞두고 극심한 불안을 호소했습니다.

"어떤 길을 선택해야 할지 모르겠어요. 결정하려고 하면 숨이 막혀요."

상담을 통해 아이의 이야기를 차분히 따라가 보니, 불안의 뿌리는 미래가 아니라 과거의 가정 환경에 있었습니다. 이 학생은 어린 시절부터 부모의 잦은 갈등을 늘 가까이에서 지켜보며 자랐습니다. 갈등은 해결되지 않은 채 반복되었고, 집 안의 분위기는 늘 긴장 속에 머물러 있었습니다. 그 경험 속에서 아이는 이렇게 느끼게 되었습니다.

"제가 뭘 선택하든, 집에 또 싸움이 날 것 같아요."

이 아이에게 선택은 자유가 아니라, 갈등을 촉발할 수 있는 위험한 행동이었습니다. 그래서 진로는 하고 싶은 것이 아니라, 부모가 덜 불안해하고 덜 다툴 것 같은 방향으로만 생각할 수 있었습니다. 아이의 불안은 결정 능력의 부족이 아니라, 오랫동안 형성된 관계 불안의 결과였습니다.

이 사례는 분명히 보여 줍니다.

자녀의 진로 불안은 개인의 문제처럼 보이지만, 그 뿌리는 종종 부부 관계라는 보이지 않는 토대에 놓여 있습니다. 부모의 관계가 안정될 때, 아이는 설명하지 않아도 선택할 수 있는 마음의 안전지대를 갖게 됩니다.

4) AI 시대, 부모는 무엇을 준비해야 하는가?

AI 시대가 요구하는 인재는 단순히 '똑똑한 아이'가 아닙니다.

- 스스로를 조절할 수 있는 아이

- 실패 후에도 다시 일어나는 아이

- 타인과 협력할 수 있는 아이

- 하나님 앞에서 자신의 가치를 아는 아이

그런데 이 모든 능력은 학원에서 만들어지지 않습니다.

가정에서, 부모의 태도 속에서 형성됩니다. 부모는 아이의 미래를 대신 살아 줄 수 없습니다. 그러나 아이가 자기 인생을 살아갈 힘의 토대는 반드시 부모가 만들어 주어야 합니다.

4. 부모 실천 체크리스트 & 소그룹 나눔 질문

✏️ 부모를 위한 실천 가이드 (한 주 점검표)

이번 주 나는 아이를 성적이 아니라 존재로 바라보았는가? ☐

아이의 감정을 바로잡으려 하지 않고, 먼저 들어주었는가? ☐

아이의 실패에 대해 비난하지 않고 함께 해석해 주었는가? ☐

부부 관계 속에서 아이가 느끼는 정서적 안정은 어떠했는가? ☐

아이에게 "너는 하나님의 귀한 자녀다"라는 메시지를 말뿐 아니라 삶으로 전달했는가? ☐

소그룹 나눔 질문 (부모 모임용)

지금 우리 자녀의 정서 상태는 어떠하다고 느끼십니까? ☐

나의 양육 방식이 아이의 정체성 형성에 어떤 영향을 주고 있다고 생각하십니까? ☐

부부 관계가 자녀에게 미치는 영향을 실제로 느꼈던 경험이 있습니까? ☐

우리 가정에서 '성적보다 더 중요하게 여겨지는 가치'는 무엇입니까? ☐

오늘 읽은 내용 중 가장 마음에 와 닿은 한 문장은 무엇입니까? ☐

제1장 맺음말:

진로는 아이의 미래가 아니라, 아이의 '존재 방향'이다. 진로는 "어디에 취직하느냐"의 문제가 아닙니다. 진로는 "누구로 살아가느냐"의 문제입니다. 아이의 진로는 성적표에서 시작되지 않습니다.

아이의 진로는

부모의 눈빛에서,

부모의 언어에서,

부모의 관계에서,

그리고 하나님 앞에 서는 경험에서 시작됩니다. 아이의 미래를 바꾸고 싶으면 아이를 고치려 하지 말고, 부모인 내가 먼저 하나님 앞에 서야 합니다.

제1장 요약: 자녀 이해

– 진로는 '공부'가 아니라 '존재'에서 시작됩니다.

– 아이의 진로 문제는 성적보다 정서 안정과 존재 인식에서 시작됩니다.

– 발달 단계마다 필요한 핵심 과제를 놓치면 이후 진로 불안으로 반복됩니다.

– AI 시대 부모는 성적 관리자가 아니라 아이의 마음과 방향을 조율하는 사람입니다.

제2장

AI 시대 이해

— 기술이 아니라 '사람'이 중심이 되는 시대

1. 우리는 지금 어떤 시대를 살고 있는가

AI 시대의 도래와 삶의 구조 변화

부모님들이 느끼는 막연한 불안은 과장이 아닙니다. 우리는 지금 단순히 새로운 기술이 등장한 시대를 살고 있는 것이 아니라, 삶의 구조와 인간 이해 자체가 바뀌는 문명 전환의 한복판에 서 있습니다. 과거에는 '공부를 잘하면 안정적인 직업을 얻고, 그 직업이 인생을 지켜 준다'는 공식이 유효했습니다. 부모 세대의 경험 속에서는 이 공식이 실제로 어느 정도 유효했기 때문에, 지금도 많은 부모님들이 그 공식을 붙들고 아이를 양육하고 계십니다.

그러나 AI의 등장은 이 공식을 근본적으로 흔들어 놓았습니다. 이제는 지식을 얼마나 많이 알고 있는가보다, 지식이 필요 없는 상황에서도 어떻게 판단하고 선택하는가가 더 중요해졌습니다. 기술은 점점 더 빠르게 인간의 능력을 따라잡고 있으며, 어떤 영역에서는 이미 인간을 넘어섰습니다. 계산, 번역, 진단, 법률 검색, 문서 작성, 프로그래밍과 같은 영역에서 AI는 인간보다 더 정확하고 효율적으로 일합니다.

이 변화는 아이들에게 매우 중요한 메시지를 던집니다. "열심히 공부해도 언젠가는 AI가 대신하는 것 아닐까?" 이 질문 앞에서 아이가 느끼는 불안은 게으름이 아니라 존재에 대한 위협감입니다. 그래서 이제 부모에게는 이렇게 질문해야 할 책임이 생겼습니다. '무엇을 더 가르칠 것인가'가 아니라, '이 아이를 어떤 사람으로 키울 것인가'입니다. AI 시대는 인간에게 새로운 질문을 던집니다.

"그렇다면 인간은 무엇을 해야 하는가?"

이 질문에 대한 대답 없이 기술만 따라가는 교육은, 아이를 준비시키는 것이 아니라 더 큰 혼란 속으로 밀어 넣는 일이 될 수 있습니다.

2. AI가 대체할 수 없는 인간의 영역

1) AI는 대체할 수 없고, 인간만이 할 수 있는 것들

AI는 정보를 처리할 수는 있지만, 의미를 부여하지는 못합니다. AI는 판단을 흉내 낼 수는 있지만, 그 판단에 대한 도덕적 책임을 지지는 못합니다. AI는 감정을 분석할 수는 있지만, 고통받는 사람 곁에 머물러 주지는 못합니다. AI가 대체할 수 없는 인간의 영역은 분명합니다. 공감, 책임, 도덕적 선택, 관계, 창조적 상상, 그리고 영적 분별입니다. 이 영역들은 효율이나 속도의 문제가 아니라, 존재의 깊이와 관련된 영역이기 때문입니다. 문제는 기술의 발전이 아니라, 많은 아이들이 이미 기술보다 더 기계처럼 살아가고 있다는 사실입니다. 정답을 외우는 삶, 정해진 길만 가는 인생, 비교 속에서만 가치가 결정되는 자아 구조 속에서 아이들은 점점 더 자신을 '기능'으로만 인식하게 됩니다. 이런 상태에서 AI가 발전할수록, 아이는 자연스럽게 무력감에 빠질 수밖에 없습니다.

2) AI 시대, 인간의 역할은 무엇인가?

AI 시대 인간의 가장 중요한 역할은 '기계를 잘 쓰는 사람'이 아니라, 기계가 하지 못하는 일을 감당하는 사람입니다. 공부만 시키면, 그 공부는 언젠가 AI가 대신할 수 있습니다. 그러나 사람을 가르치지 않으면, 그 빈자리는 그 어떤 기술도 채워 줄 수 없습니다. AI 시대에 인간은 더 인간다워져야 합니다.

더 공감해야 하고,

더 책임져야 하며,

더 협력해야 하고,

더 사랑해야 합니다.

이 말은 감성적인 구호가 아니라, 매우 현실적인 생존 전략입니다. 앞으로 살아남는 사람은 가장 똑똑한 사람이 아니라,

가장 잘 연결되고,

가장 잘 회복하며,

가장 의미 있게 살아가는 사람이기 때문입니다. 아이의 미래 경쟁력은 성적이 아니라, 사람다움의 깊이에 달려 있습니다. 이 깊이는 훈련만으로 만들어지지 않습니다. 가정 안에서, 부모의 태도와 관계 속에서 차곡차곡 형성됩니다.

3. AI 시대 직업과 세계관의 문제

1) AI 시대 직업의 흐름

AI 시대의 직업은 다음과 같은 흐름으로 재편되고 있습니다.

① 사라지는 직업

단순 사무직, 반복 생산직, 계산 중심 업무, 단순 번역·통역 등

② 살아남는 직업

사람을 돌보는 직업(상담, 간호, 교육), 창의적 영역(기획, 디자인, 콘텐츠), 사람과 사람을 연결하는 일(소통, 협업, 코칭) 등

③ 새롭게 생겨나는 직업

AI 윤리 전문가, 인간-기계 인터페이스 분야, 정서·치유·회복 관련 전문직 등. 이 변화 앞에서 부모는 반드시 질문해야 합니다.

"우리 아이는 앞으로 기계와 경쟁하는 인생을 살 것인가, 아니면 사람만이 할 수 있는 역할을 붙잡고 살아갈 것인가?"

이 질문은 진로 선택 이전에, 세계관 선택의 문제입니다.

2) 세계관의 문제: 기술을 바라보는 눈이 인생을 결정한다

기술은 중립적입니다. 문제는 기술을 바라보는 사람의 세계관입니다.

- **기술이 주인이 되면** → 인간은 종이 됩니다.
- **하나님이 주인이 되면** → 기술은 도구가 됩니다.

기술은 중립이지만, 인간은 결코 중립이 아닙니다. 반드시 누구의 주권 아래에 서게 됩니다. 아이에게 'AI 활용법'보다 먼저 가르쳐야 할 것은 "너는 누구의 자녀인가?"라는 정체성입니다. 이 정체성이 없는 아이는 AI를 사용하지 못하는 것이 아니라, AI에게 사용당하는 인생을 살게 됩니다.

3) AI 시대를 두려워하는 아이들

많은 아이들이 속으로 이런 두려움을 품고 살아갑니다.

"내가 커도 할 일이 있을까?"

"공부해도 소용 없는 시대가 오는 것 아니야?"

"나는 AI보다 못한 인간이 되는 것 아니야?"

이 두려움을 방치하면 아이의 마음에는 존재 무가치감이 쌓이게 됩니다. 아이들이 지금 두려워하는 것은 실패가 아니라 '쓸모없어질까 봐'입니다. 이것이 가장 무서운 두려움입니다. 그래서 부모는 아이에게 반드시 이렇게 말해 주어야 합니다.

"너는 기능 이전에, 하나님께 선택받은 존재다."

이 메시지가 반복해서 전달될 때, 아이는 기술의 변화 속에서도 흔들리지 않는 기준을 갖게 됩니다.

4) AI 시대 부모의 역할: 길을 정해주는 사람 → 기준을 세워주는 사람

과거 부모의 역할은 "어느 대학, 어느 직업"을 정해 주는 역할이었습니다. 그러나 AI 시대 부모의 역할은 달라졌습니다. 부모는 이제 길을 정해 주는 사람이 아니라, 아이 스스로 길을 선택할 '기준'을 세워주는 사람입니다. 이 기준은 네 가지로 요약됩니다.

하나님 앞에서의 정체성,

실패를 견디는 힘,

사람과 함께 가는 능력,

욕망을 조절하는 자제력.

이 네 가지가 없는 진로는 아무리 좋아 보여도 결국 아이를 무너뜨립니다.

4. 부모 실천 체크리스트 & 소그룹 나눔 질문

부모 실천 체크리스트 (AI 시대 양육 점검)

나는 아이의 성적보다 정체성을 더 자주 말해 주고 있는가? □

아이가 실패했을 때, 책임을 묻기보다 회복을 돕는가? □

기술을 이야기할 때, 가치와 신앙을 함께 이야기하는가? □

아이가 비교에 빠질 때, 존재의 가치를 다시 붙들어 주는가? □

AI보다 더 중요한 것들이 있음을 부모 스스로 실천하고 있는가? □

소그룹 나눔 질문 (AI 시대 부모 모임용)

AI 시대가 자녀에게 어떤 불안을 주고 있다고 느끼십니까? □

나는 자녀에게 기술보다 정체성을 더 많이 말해 주고 있습니까? □

우리 가정의 '성공 기준'은 무엇입니까? □

아이가 실패했을 때, 나의 가장 흔한 반응은 무엇입니까? □

오늘 말씀 중 가장 마음에 남은 문장은 무엇입니까? □

제2장 맺음말

AI는 점점 더 똑똑해지고 있습니다. 그러나 하나님은 여전히 사람을 통해 사람을 구원하십니다. 기술은 인간을 대신할 수 있어도 사람의 영혼을 대신할 수는 없습니다. AI 시대 진로 교육의 핵심은 이것입니다.

"아이를 AI와 경쟁시키지 말고, 아이를 '하나님의 사람'으로 세워라."

제2장 요약: AI 시대 이해 – 기술이 아니라 '사람'이 중심이 되는 시대

- AI 시대의 핵심 변화는 기술의 발전이 아니라 인간의 역할 재정의입니다.

  기술은 도구일 뿐, 인간의 성체성과 책임을 대신할 수 없습니다.

- 부모는 아이를 기계와 경쟁시키기보다 더 인간답게 세워야 합니다.

제3장

진로

— 정체성에서 시작되어, 소명으로 완성되는 길

1. 진로를 너무 늦게, 너무 좁게 묻고 있다

부모들이 가장 자주 던지는 질문은 이것입니다.

"우리 아이는 어느 학과를 가야 할까요?"

"요즘 전망 좋은 직업이 무엇일까요?"

이 질문 자체가 틀렸다고 말할 수는 없습니다. 그러나 이 질문은 분명히 너무 늦고, 너무 좁습니다. 이미 아이의 정체성과 정서, 관계의 방식이 상당 부분 형성된 이후에야 던져지는 질문이기 때문입니다. 또한 이 질문은 진로를 '삶 전체의 방향'이 아니라 '직업 선택의 문제'로 축소시킵니다. 성경과 상담 현장은 진로를 이렇게 묻지 않습니다.

"이 아이는 어떤 사람으로 부름 받았는가?"

"이 아이는 어떤 정체성을 가지고 살아가야 하는가?"

진로는 직업의 문제가 아닙니다. 진로는 '누구로 사느냐'의 문제입니다. 많은 부모들은 진로를 결과(직업) 중심으로 보지만, 성경은 언제나 진로를 과정, 곧 부르심의 관점에서 말합니다. 하나님은 목적지를 먼저 보여 주기보다, 관계 안에서 길을 열어 가십니다. 부모가 진로를 너무 늦게 묻는 순간, 아이는 이미 비교와 두려움 속에서 길을 배워 버린 상태일 수 있습니다. 그리고 진로를 너무 좁게 묻는 순간, 아이는 자신의 삶 전체가 아니라 '성공 가능성'만을 기준으로 자신을 평가하게 됩니다.

1) 왜 아이들은 진로를 두려워하는가

요즘 아이들은 진로를 묻는 순간 설렘보다 먼저 두려움을 느낍니다.

"혹시 실패하면 끝나는 거 아닐까?"

"잘못 선택하면 인생이 망하지 않을까?"

이 두려움의 뿌리는 대부분 완벽주의와 비교입니다. 비교는 아이의 진로를 가로막는 가장 무서운 적입니다. 비교 속에서 자란 아이는 진로를 하나님의 길로 이해하기보다, 타인을 이기기 위한 수단으로 오해하게 됩니다. 비교는 선택지를 넓혀 주는 것처럼 보이지만, 실제로는 선택 능력을 마비시킵니다. 아이는 자신의 속도와 마음을 살피기보다, 늘 타인의 위치를 먼저 확인하게 됩니다. 그 결

과 진로는 부르심의 여정이 아니라, 뒤처지지 않기 위한 방어 전략
이 됩니다.

🖊 실제 상담 사례 7: "뒤처질까 봐 아무것도 못 정하겠어요"

고등학생 한 아이가 진로 상담을 요청하며 이렇게 말했습니다.

"친구보다 뒤처질까 봐 아무것도 못 정하겠어요."

성적은 평균 이상이었고, 특별히 부족해 보이는 능력도 없었습니다. 그러나 진로 이야기를 꺼내는 순간, 아이의 얼굴에는 설렘보다 긴장이 먼저 드러났습니다. 선택지를 넓히는 대신, 아이는 점점 결정을 미루고 있었습니다.

상담을 통해 아이의 이야기를 따라가 보니, 문제의 중심에는 끊임없는 비교가 자리하고 있었습니다. 아이는 자신의 관심과 속도보다, 늘 또래의 성과와 위치를 기준으로 자신을 판단해 왔습니다. 그 결과 진로는 가능성을 탐색하는 과정이 아니라, 뒤처지지 않기 위한 경쟁의 계산이 되어 버렸습니다. 이 아이에게 선택은 기회가 아니라 위험이었습니다. 하나를 고르는 순간 다른 선택에서 뒤처질 것 같았고, 그래서 아무것도 고르지 않는 것이 가장 안전한 선택처럼 느껴졌습니다. 아이의 문제는 능력 부족이 아니라, 비교로 인해 마비된 선택 능력이었습니다.

이 사례는 분명히 보여 줍니다.

비교 속에서 자란 아이는 진로를 하나님의 길로 이해하기보다, 타인을 이기기 위한 수단으로 오해하게 됩니다. 비교가 멈출 때, 아이는 비로소 자신에게 주어진 고유한 길을 바라볼 수 있습니다.

2. 성경이 말하는 진로의 구조

성경은 진로를 다음의 순서로 말씀합니다.

정체성 → 소명 → 직업

그러나 오늘날 많은 가정은 이 순서를 거꾸로 가르칩니다.

직업 → 성취 → 인정

이 구조 속에서는 아이의 존재 가치가 항상 성과에 종속됩니다. 그래서 성공하면 교만해지고, 실패하면 존재가 무너집니다. 성경은 이 불안정한 구조 대신, 흔들리지 않는 진로의 기초를 제시합니다.

1) 정체성: "나는 누구인가?"

진로의 시작은 언제나 "나는 누구인가?"라는 질문입니다. 이 질문에 대한 답이 없는 아이는 아무리 좋은 직업을 가져도 흔들립니다. 성경은 우리의 정체성을 분명히 말합니다.

하나님의 형상 (창 1:27),

하나님의 자녀 (요 1:12),

하나님의 동역자 (고전 3:9)

아이에게 성적보다 먼저 알려 주어야 할 것은 "너는 하나님의 자녀다"라는 사실입니다. 정체성이 흔들리면 진로는 곧 비교의 전쟁터가 됩니다. 그러나 정체성이 분명하면, 진로는 경쟁이 아니라 사명이 됩니다.

✏️ 실제 상담 사례 8: "엄마가 기뻐할 만한 직업이요"

중학교 3학년 아이가 진로 이야기를 나누던 중 이렇게 말했습니다. "제 꿈은 엄마가 기뻐할 만한 직업을 갖는 거예요."

겉으로 보면 효심 깊은 말처럼 들렸습니다. 그러나 상담실 안에서 이 말은 기쁨보다 무거운 긴장을 동반하고 있었습니다. 아이의 눈에는 설렘보다 조심스러움이 먼저 비쳤습니다. 상담을 통해 아이의 마음을 조금 더 따라가 보니, 이 말 속에는 이미 굳어진 결론이 들어 있었습니다. "나는 나 자체로는 충분하지 않다."

아이에게 진로는 자신의 부르심을 발견하는 여정이 아니라, 부모의 기대를 충족시켜야 하는 과제가 되어 있었습니다. 이 아이는 자신의 정체성을 '하나님의 자녀'로 이해하기보다, 부모를 만족시켜야 가치가 생기는 존재로 받아들이고 있었습니다. 그 결과 진로는 하나님이 주신 길이 아니라, 비교 속에서 인정받기 위한 도구로 변해 버렸습니다.

이 사례는 분명히 보여 줍니다.

정체성이 흔들릴 때, 진로는 곧 비교의 전쟁터가 됩니다.

아이에게 성적보다 먼저 알려주어야 할 것은,

"너는 이미 하나님의 자녀이며, 그 자체로 존귀하다"는 사실입니다.

2) 소명: "나는 무엇을 위해 부름받았는가?"

소명은 직업 이전에 존재하는 하나님의 부르심입니다. 소명이 없는 직업은 쉽게 의미를 잃습니다. 직업은 변해도, 소명은 변하지 않습니다. 요셉의 인생을 보십시오. 노예 → 죄수 → 국무총리. 직업은 계속 바뀌었지만 사람을 살리는 소명은 한 번도 바뀌지 않았습니다. 소명이 분명한 사람은 환경이 바뀌어도 무너지지 않습니다. 소명이 없는 사람은 환경이 조금만 흔들려도 길을 잃습니다.

✏️ 실제 상담 사례 9: "왜 사는지 모르겠어요"

한 청년이 깊은 우울감을 호소하며 상담실을 찾았습니다. 그는 많은 사람들이 부러워할 만한 대기업에 취직한 상태였습니다. 안정적인 직장, 명확한 직함, 남들이 보기에는 '성공한 진로'처럼 보였습니다.

그러나 청년은 조용히 이렇게 말했습니다.

"어릴 때부터 목표는 오직 취업이었어요. 그런데 막상 들어오고 나니… 왜 사는지 모르겠어요."

상담을 통해 그의 이야기를 차분히 따라가 보니, 문제는 직업의 조건이나 업무 강도가 아니었습니다. 그는 진로를 선택할 때 한 번도 '나는 무엇을 위해 부름받았는가'라는 질문을 해본 적이 없었습니다. 취업은 목표였지만, 그 이후의 삶에 대한 그림은 존재하지 않았습니다.

이 청년에게 직업은 소명을 담는 그릇이 아니라, 불안을 잠재우기 위한 도착지였습니다. 그 결과 목표를 이룬 순간, 삶을 지탱하던 이유도 함께 사라져 버렸습니다. 그의 우울은 실패에서 온 것이 아니라, 의미 없이 성취된 성공에서 비롯된 것이었습니다.

이 사례는 분명히 보여 줍니다.

직업은 변해도 소명은 변하지 않습니다. 소명이 분명한 사람은 환경이 바뀌어도 무너지지 않지만, 소명을 묻지 않은 진로는 성취 이후에도 사람을 공허하게 만듭니다. 진로의 끝은 취업이 아니라, 하나님이 부르신 이유를 살아내는 삶입니다.

3) 직업: "나는 어떤 도구로 살아갈 것인가?"

직업은 소명을 세상 속에서 실현하는 도구입니다. 도구가 목적이 되면 반드시 인생이 왜곡됩니다. 성경 속 인물들은 직업 자체보다, 직업을 통해 하나님의 뜻을 어떻게 드러냈는지를 보여 줍니다.

- **어부** → 사람을 낚는 자 (베드로)
- **목자** → 이스라엘의 왕 (다윗)
- **장막업** → 복음 전도자 (바울)

진로는 하나님의 시간표 안에서 열립니다. 부모는 종종 이렇게 말합니다.

"지금 결정 안 하면 늦어집니다."

그러나 성경은 언제나 이렇게 말합니다.

"하나님의 때에, 하나님의 방식으로."

아브라함은 75세에 인생의 진로를 시작했고, 모세는 80세에 사명을 회복했으며, 요셉과 다윗은 오랜 기다림 속에서 준비되었습니다. 하나님의 시계는 세상의 시계보다 느려 보이지만, 언제나 정확합니다. 부모가 조급해질수록 아이의 인생은 속도는 빨라질 수 있어도 방향은 쉽게 굽어집니다.

3. 진로 앞에 선 부모의 역할

1) 답을 주는 사람이 아니라, 질문을 지켜주는 사람

과거 부모는 아이에게 답을 주는 사람이어야 했습니다. 그러나 AI 시대 부모의 역할은 다릅니다. 부모는 이제 아이 안에서 하나님의 질문이 자라도록 지켜 주는 사람입니다. 부모가 반드시 던져 주어야 할 질문은 이것입니다.

"너는 무엇을 좋아하고 잘하니?"

"너는 무엇을 할 때 가장 기쁘니?"

"하나님이 너에게 주신 마음은 무엇이니?"

"너를 통해 누가 살아나면 좋겠니?"

이 질문들이 자라면 진로는 자연스럽게 사명으로 이어집니다.

2) 진로 선택 앞에서 반드시 점검해야 할 4가지

이 선택이 나의 정체성을 훼손하지 않는가?

이 선택이 나의 소명을 가로막지 않는가?

이 선택이 하나님과 나 사이를 더 멀어지게 하지는 않는가?

이 선택이 누군가를 살리는 방향으로 사용될 수 있는가?

이 네 가지 질문 없이 택한 진로는 언젠가 반드시 방향을 다시 묻게 됩니다.

4. 부모 실천 체크리스트 & 소그룹 나눔 질문

부모 실천 체크리스트(진로 양육 점검)

나는 자녀에게 진로를 말할 때 성적보다 정체성을 더 많이 언급하는가? ☐

아이가 진로를 고민할 때 불안부터 누그러뜨려 주고 있는가? ☐

아이의 선택을 내 기대가 아니라 하나님의 부르심으로 해석해 주고 있는가? ☐

우리 가정은 진로를 경쟁의 도구가 아니라 사명의 통로로

말하고 있는가? ☐

나는 아이 앞에서 나의 직업을 어떻게 신앙적으로 해석하

며 살아가고 있는가? ☐

📝 소그룹 나눔 질문 (부모 모임용)

나는 지금까지 진로를 어떤 기준으로 가르쳐 왔습니까? ☐

나의 자녀는 진로를 두려움으로 생각하고 있습니까, 소명

으로 생각하고 있습니까? ☐

우리 가정에서 가장 자주 나오는 진로 관련 말은 무엇입

니까? ☐

오늘 말씀을 통해 가장 도전이 된 한 문장은 무엇입니까?

☐

자녀의 진로를 위해 지금 내가 내려놓아야 할 불안은 무엇

입니까? ☐

제3장 맺음말

진로는 "먹고 사는 길"이 아닙니다.

진로는 "하나님 앞에서 어떻게 살아가느냐의 길"입니다.

아이의 미래를 바꾸고 싶으면, 아이의 직업을 먼저 바꾸려 하지 말고 아이의 정체성을 먼저 세우십시오.

진로는 직업으로 완성되지 않습니다.

진로는 부르심에 순종하는 삶으로 완성됩니다.

제3장 요약: 진로 – 정체성에서 시작되어 소명으로 완성되는 길

- 진로는 직업 선택이 아니라 하나님의 부르심에 대한 응답입니다.

- 돈과 성공은 진로의 기준이 될 수 없고, 방향을 대신해 줄 수도 없습니다.

- 부르심 위에 선 진로만이 변화의 시대를 견디게 합니다.

제4장

직업

— 하나님의 부르심이며 사랑의 도구

1. 직업을 바라보는 왜곡된 관점

직업을 너무 '생계의 수단'으로만 이해하고 있지는 않는가? 부모님들이 자녀의 직업을 이야기할 때 가장 먼저 묻는 질문은 대개 비슷합니다.

"그 직업으로 먹고는 살 수 있을까?"

"연봉은 어느 정도 될까?"

"정년까지 안정적인가?"

이 질문들 자체가 잘못된 것은 아닙니다. 현실을 무시한 신앙은 결코 건강하지 않습니다. 그러나 이 질문들이 직업을 바라보는 유일한 기준이 될 때, 직업은 더 이상 하나님의 부르심이 아니라 생존을 위한 도구로 축소됩니다. 상담과 교육 현장에서 많은 부모님들을 만나보면, 자녀의 직업을 걱정하는 마음의 뿌리에는 대부분 두려움이 자리하고 있습니다.

"이 아이가 힘들지 않을까."

"내가 책임지지 못하는 상황이 오면 어쩌나."

"세상에서 밀려나면 어떡하나."

이 두려움은 이해할 수 있지만, 이 두려움이 직업관을 지배하게 되면 아이에게 직업은 꿈이나 소명이 아니라 불안을 견뎌야 하는 의무가 됩니다. 성경은 직업을 단 한 번도 단순한 생계 수단으로만 다루지 않습니다.

직업은 하나님이 우리를 세상 속으로 보내시는 방식이며, 우리가 하루하루 하나님의 뜻을 살아내는 구체적인 자리입니다.

직업이 단지 생계가 되면 사람은 일에 매이게 되지만, 직업이 사명이 되면 사람은 일을 통해 살아납니다.

부모가 자녀에게 직업을 말할 때 가장 먼저 전달하는 것은 정보가 아니라 태도입니다. 부모가 직업을 두려움으로 말하면 아이는 직업을 짐으로 인식하고, 부모가 직업을 의미로 말하면 아이는 직업을 삶의 일부로 받아들이게 됩니다.

2. 성경이 말하는 직업의 네 가지 의미

1) 하나님의 부르심으로서의 직업

성경에서 직업은 단 한 번도 "돈을 버는 수단"으로만 등장하지 않습니다.

언제나 하나님의 부르심의 자리가 곧 직업의 자리였습니다.

- **노아**: 배 만드는 사람 → 인류를 살리는 사람
- **모세**: 목자 → 출애굽의 리더
- **다윗**: 양치는 소년 → 이스라엘의 왕
- **베드로**: 어부 → 사람을 낚는 자

그들의 직업 자체는 특별해 보이지 않았지만, 하나님 안에서 그 직업은 사람을 살리는 통로가 되었습니다. 하나님은 직업을 바꾸기보다, 그 직업에 담긴 의미를 바꾸시는 분입니다. 그래서 부모가 자녀에게 가장 먼저 가르쳐야 할 것은 "어떤 직업이 더 낫다"가 아니라, "모든 직업은 하나님 앞에서 거룩해질 수 있다"는 관점입니다.

✏️ **실제 상담 사례 10: "이 일도 하나님께 쓰임 받을 수 있을까요?"**

한 청년이 상담 중 조심스럽게 이렇게 말했습니다.

"목사님, 제 직업은 너무 세속적인 것 같아서 하나님께 쓰임 받을 수 있을지 걱정입니다."

그의 직업은 단순 서비스업이었습니다. 눈에 띄는 전문직도 아니었

고, 교회 안에서 흔히 '사명직'이라 불리는 영역도 아니었습니다. 그래서 그는 자신의 일을 신앙과 분리된 영역으로 여기고 있었습니다. 그러나 상담을 통해 그의 일상을 조금 더 들여다보니, 전혀 다른 모습이 드러났습니다. 그는 매번 손님을 대할 때 마음속으로 이렇게 기도하며 일하고 있었습니다.

"이 사람은 오늘 하나님이 제게 보내신 사람입니다."

그에게 직업은 생계를 위한 수단에 머물러 있지 않았습니다. 같은 일을 하면서도, 그는 자신의 자리를 하나님이 맡기신 만남의 자리로 이해하고 있었습니다. 직업은 변하지 않았지만, 그 직업이 담고 있는 의미는 이미 사명으로 바뀌어 있었습니다.

이 사례는 분명히 보여 줍니다.

하나님은 직업을 바꾸기보다, 직업에 담긴 의미를 바꾸시는 분이십니다. 모든 직업은 하나님 앞에서 거룩해질 수 있으며, 그 부르심은 바로 오늘 내가 서 있는 자리에서 시작됩니다.

2) 삶의 터전으로서의 직업

직업은 단지 월급을 받는 장소가 아니라 하나님이 우리를 세상 속에 심어 두신 삶의 터전입니다. 이 터전 위에서 우리는 하루의 대부분을 보내며, 관계를 맺고, 감정을 사용하고, 인격을 드러냅니다. 그래서 직업은 가정을 살리는 도구가 될 수도 있고, 가정을 무너뜨리는 통로가 될 수도 있습니다. 문제는 직업의 종류가 아니라 직업을 대하는 태도입니다. 부모가 자신의 일을 원망의 언어로 말할 때 아이는 일 자체를 부정적인 것으로 배웁니다.

 실제 상담 사례 11: "어쩔 수 없이 하는 일"

한 아버지는 가정에서 늘 이렇게 말하곤 했습니다.

"나는 이 직업 때문에 어쩔 수 없이 산다."

그 말은 불평처럼 들렸지만 반복될수록 가정 안의 공기가 되었습니다. 아버지는 퇴근 후 늘 지쳐 있었고, 일에 대한 이야기는 곧 피로와 짜증으로 이어졌습니다. 아이는 말없이 그 모습을 지켜보며 자랐습니다. 시간이 지나 아이는 마음속에 한 문장을 새기게 되었습니다.

"일은 사람을 불행하게 만드는 것이다."

그 결과 이 아이는 어떤 진로를 앞에 두고도 쉽게 선택하지 못했고, 결정의 순간마다 회피하고 미루는 태도를 보였습니다. 직업은 삶을 세우는 터전이 아니라 행복을 빼앗는 짐으로 인식되었기 때문입니다. 이 아이의 어려움은 능력의 문제가 아니었습니다.

부모가 직업을 대하는 태도가 그대로 아이의 직업관이 되었고 직업은 이미 두려움의 대상이 되어 있었습니다.

이 사례는 분명히 보여 줍니다.

문제는 직업 그 자체가 아니라 직업을 대하는 부모의 태도입니다.

부모가 자신의 자리를 하나님의 부르심으로 받아들일 때, 아이에게 직업은 피해야 할 짐이 아니라 삶을 살아내는 터전이 됩니다.

3) 성취감으로서의 직업

성취는 하나님이 인간에게 주신 은혜로운 감각입니다. 그러나 성취가 목적이 되면 그 은혜는 곧 우상이 됩니다. 성취는 감사가 되지 않으면 반드시 비교가 됩니다.

- **성취가 감사가 되면** → 기쁨
- **성취가 비교가 되면** → 불안
- **성취가 정체성이 되면** → 중독

성취가 정체성이 되면 사람은 쉼을 잃고, 성취가 사명이 되면 사람은 기쁨을 회복합니다. 아이에게 성취를 가르치되, 성취의 주인은 내가 아니라 하나님임을 함께 가르쳐야 합니다.

 **실제 상담 사례 12: "이제 더 이룰 것도 없는데요"**

한 대학생이 상담실을 찾아와 깊은 공허감을 호소했습니다. 그는 학점 4.5 (만점)으로 졸업했고 주변에서 보기에는 충분히 성취한 삶의 출발선에 서 있었습니다. 그러나 그의 표정에는 기쁨보다 허무가 더 짙게 남아 있었습니다.

그는 조심스럽게 이렇게 말했습니다.

"이제 더 이룰 것도 없는데 왜 이렇게 허한지 모르겠습니다."

상담을 통해 그의 성장 과정을 따라가 보니, 이 공허함의 뿌리는 현재가 아니라 어린 시절의 메시지에 있었습니다. 그는 오랫동안 "잘해야 사랑받는다"는 암묵적인 기대 속에서 자라왔습니다. 그 결과 성취는 감사의 이유가 아니라, 사랑을 유지하기 위한 조건이 되어 버렸습니다. 이 학생에게 성취는 기쁨을 낳지 못했습니다. 성취는 곧바로 다음 비교를 불러왔고, 비교는 다시 불안을 만들어 냈습니다. 성취가 정체성이 된 순간, 삶은 쉼을 허락하지 않는 구조로 굳어졌습니다.

이 사례는 분명히 보여 줍니다.

성취는 하나님이 주신 은혜로운 감각이지만, 그 자리를 하나님이 아닌 '나'가 차지할 때 성취는 우상이 됩니다. 아이에게 성취를 가르칠 수는 있지만, 성취의 주인은 하나님이심을 함께 가르치지 않으면 성취는 결국 사람을 비우는 결과를 낳습니다.

4) 사랑의 도구로서의 직업

직업은 결국 사랑을 실천하는 가장 현실적인 통로입니다. 아무리 영적인 사람이라도 직업을 떠나서는 이웃을 실제로 섬길 수 없습니다.

- 교사는 지식을 사랑으로 나누는 사람
- 의사는 생명을 사랑으로 돌보는 사람
- 사업가는 일터를 통해 생계를 살리는 사람

직업은 하나님이 사람을 사랑하시기 위해 우리를 사용하시는 통로입니다. 아이에게 이 관점을 심어 주지 않으면 직업은 곧 자기만족의 수단으로 변질됩니다.

한 직장인이 진로 상담을 요청하며 이렇게 말했습니다.

"열심히 일하고는 있는데, 이 일이 누구에게 도움이 되는지는 잘 모르겠어요."

그는 안정적인 직업을 가지고 있었고 성과도 나쁘지 않았습니다. 그러나 일에 대한 이야기를 할수록 공허함이 묻어났습니다. 업무는 반복되었고 성취는 있었지만 의미는 연결되지 않았습니다.

상담을 통해 그의 일상을 차분히 따라가 보니, 그는 자신의 직업을 오랫동안 '나를 만족시키는 수단'으로만 이해해 왔다는 사실이 드러났습니다. 월급, 성과, 인정은 분명했지만, 그 일을 통해 누가 살아나는지에 대한 질문은 한 번도 해본 적이 없었습니다.

그에게 직업은 사랑을 흘려보내는 통로가 아니라, 자기 가치를 확인하기 위한 도구가 되어 있었습니다. 그 결과 일은 점점 무거운 짐이 되었고, 사람은 보이지 않게 되었습니다. 상담의 끝에서 그는 이렇게 말했습니다.

"제가 하는 일이 누군가의 삶에 실제로 닿을 수 있다는 생각은 처음 해봤어요."

이 사례는 분명히 보여 줍니다.

직업은 결국 사랑을 실천하는 가장 현실적인 자리입니다.

이 관점이 사라질 때 일은 자기만족의 수단으로 변질되지만, 이 관점이 회복될 때 같은 직업도 하나님의 사랑이 흐르는 통로가 됩니다.

직업의 가치는 크기나 명칭에 있지 않습니다.

그 일을 통해 누가 사랑받고 있는가, 그 질문이 직업을 사명으로 바꾸어 놓습니다.

3. AI 시대 직업의 재해석과 부모의 역할

1) AI 시대 직업의 재해석

AI 시대는 다음 질문을 우리에게 던집니다.

"당신의 직업은 인간만이 할 수 있는 일을 하고 있는가?"

AI는 계산과 정보 처리는 탁월하지만 공감하지 못하고, 책임지지 못하며, 사랑하지 못합니다. AI 시대에도 끝까지 살아남는 직업은

사람을 상대하는 직업,

사람을 알아보는 직업,

사람을 살리는 직업입니다.

기계는 일을 대신해 줄 수 있지만 사람의 자리는 결코 대신할 수 없습니다.

2) 부모의 역할: 성공한 직업인이 아니라, 건강한 직업인을 보여주는 것

부모는 말로보다 삶으로 직업을 가르칩니다.

- 부모가 직업을 감사로 말하면 → 아이는 일에 소망을 품습니다.

- 부모가 직업을 원망으로 말하면 → 아이는 일 자체를 두려워합니다.

- 부모가 직업을 사명으로 살면 → 아이는 진로를 소명으로 봅니다.

부모가 "성공자"가 되지 못해도, "건강한 직업인"으로 살아가는 모습은 자녀에게 가장 강력한 직업 교육이 됩니다.

3) 자녀의 직업 선택을 도울 때 반드시 기억해야 할 네 가지

그 직업이 아이의 정체성을 훼손하지 않는가?

그 직업이 하나님과 더 멀어지게 만들지는 않는가?

그 직업이 이웃을 살리는 방향으로 사용될 수 있는가?

그 직업이 가정을 깨뜨리지 않고 세울 수 있는가?

이 네 가지 기준이 빠지면 아무리 좋아 보이는 직업도 언젠가는 아이를 무너뜨릴 수 있습니다.

4. 부모 실천 체크리스트 & 소그룹 나눔 질문

📝 부모 실천 체크리스트 (직업관 점검)

나는 내 직업을 자녀 앞에서 어떻게 말하고 있는가? □

나는 직업을 생계의 수단으로만 말해 온 것은 아닌가? □

우리 가정은 직업을 사명으로 해석하는 언어를 사용하고 있는가? □

아이가 특정 직업을 말할 때, 나는 불안부터 말하는가, 의미부터 말하는가? □

나는 지금도 나의 일터를 하나님이 보내신 자리로 믿고 있는가? □

📝 소그룹 나눔 질문 (AI 시대 부모 모임용)

나에게 직업은 지금 어떤 의미입니까? □

부모로서 자녀에게 어떤 직업관을 물려주고 있습니까? □

내 직업을 통해 하나님 앞에서 가장 감사한 한 가지는 무엇입니까? □

자녀의 직업 선택 앞에서 내가 가장 두려워하는 것은 무엇입니까? □

오늘 말씀 중 가장 마음에 남은 문장은 무엇입니까? □

제4장 맺음말

직업은 인생의 목적이 아닙니다.

직업은 인생의 사명을 세상에서 풀어내는 도구입니다.

직업이 인생의 주인이 되면 인생은 무너지고,

하나님이 인생의 주인이 되면 직업은 살아납니다.

아이의 직업을 대신 정해 줄 수는 없습니다.

그러나 아이가 어떤 마음으로 그 직업을 품을지에 대한 방향은 부모가 반드시 세워 주어야 합니다.

제4장 요약: 직업 – 하나님의 부르심이며 사랑의 도구

- 직업을 성공의 수단으로만 보면 아이는 쉽게 불안해집니다.

- 성경은 직업을 세상을 섬기도록 맡겨진 하나님의 부르심으로 설명합니다.

- AI 시대 부모는 유망성보다 섬김의 방향을 함께 묻게 해야 합니다.

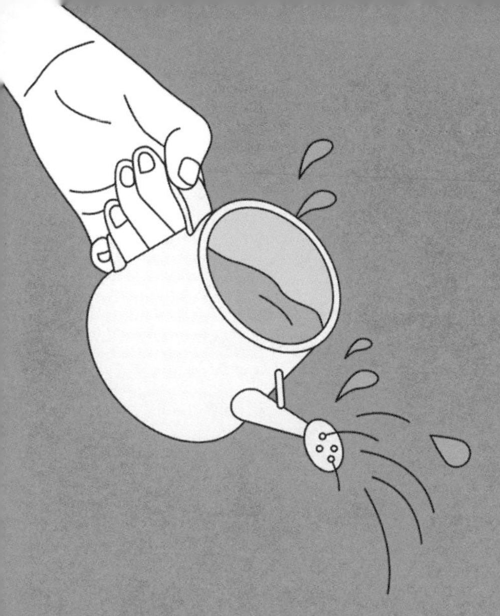

2부
대안 – AI 시대, 하나님이 주신 자원을 다시 세우다

제5장

성품

— 하나님을 닮아가는 인생, 오리지널 디자인 '샬롬'으로 회복되다

1. AI 시대에도 결코 사라지지 않는 경쟁력

1) '성품'

부모님들이 자녀에게 가장 간절히 바라는 것은 무엇입니까?

많은 설문조사에서 부모의 대답은 늘 비슷합니다.

공부 잘하는 아이,

좋은 대학 가는 아이,

안정적인 직업을 가진 아이

그런데 참 흥미로운 것은 시간이 흐를수록 부모님들의 고백이 달라진다는 점입니다. 아이가 어릴 때는 성적표가 가장 커 보이지만, 아이가 커 갈수록 인생을 지탱하는 것은 성적표가 아니라, 사람됨이라는 사실이 드러나기 때문입니다. 그래서 인생의 후반부로 갈수록 부모의 고백은 이렇게 바뀝니다.

"공부보다 더 중요한 것이 있었더라."

"성공보다 더 중요한 것이 있었더라."

그것이 바로 성품입니다. 성품은 '착한 성격' 정도가 아닙니다. 성품은 그 사람이 위기에서 어떤 선택을 하는지, 관계에서 어떤 태도를 유지하는지, 욕망이 흔들릴 때 무엇을 붙드는지를 결정합니다. 다시 말해 성품은 인생 전체를 지탱하는 '내면의 골격'입니다. 기술은 시대가 바뀌면 사라지지만, 성품은 시대가 바뀌어도 반드시 그 사람을 살립니다. AI가 아무리 발달해도, 정직한 사람을 대신할 수 없고, 책임지는 사람을 대신할 수 없으며, 관계를 세우는 사람을 대신할 수 없습니다. 미래는 결국 '능력 있는 사람'이 아니라, '신뢰할 수 있는 사람'의 것이 됩니다.

여기서 부모님들이 오해하기 쉬운 지점이 하나 있습니다. "성품은 원래 타고나는 것 아닌가요?"라고 생각하시는 경우입니다. 물론 기질은 있습니다. 그러나 성품은 기질의 문제가 아니라 형성의 문제입니다. 성품은 매일의 선택, 반복되는 관계, 그리고 무엇보다 가정 안에서 오랜 시간 흡수한 분위기 속에서 만들어집니다. 그래서 성품은 '가르치면 되는 과목'이 아니라, 살아내며 전수되는 문화입니다.

2) 성품이 무너지는 가장 큰 이유: 비교와 교만

성품을 무너뜨리는 가장 치명적인 독은 '비교'입니다.

비교는 아이의 재능을 빼앗고,

비교는 아이의 성품을 무너뜨리며,

비교는 결국 아이를 자기혐오로 이끕니다.

비교는 겉보기에는 동기부여처럼 보입니다.

"저 아이는 해내는데 너는 왜 못하니?"라는 말이 순간적으로 아이를 움직이게 만들 수는 있습니다. 그러나 그 움직임은 '성장'이 아니라, '불안'에서 나옵니다. 불안으로 움직이는 아이는 오래 가지 못합니다. 오래 가더라도 기쁨이 없습니다. 그리고 가장 결정적으로, 불안으로 움직인 결과는 성품을 세우지 못합니다. 비교는 아이의 내면에 다음과 같은 왜곡을 만듭니다.

"나는 항상 부족하다."

"나는 남보다 나아야 가치가 있다."

"나는 실패하면 버려질 수 있다."

이 구조 속에서 자란 아이는 겸손하지도, 감사하지도, 협력하지도 못합니다. 그 자리에 들어오는 것은 불안, 열등감, 경쟁, 적대감입니다. 특히 AI 시대에는 비교의 속도가 더 빨라졌습니다. 예전에는 반에서 몇 명과 비교했다면, 지금 아이들은 온라인에서 '전 세계'와 비교합니다. 성적, 외모, 재능, 생활수준, 성취를 매일 스크롤하며 확인합니다. 이 환경 속에서 성품을 지키려면 부모가 먼저 비교의 프레임을 끊어 주어야 합니다. 아이는 스스로 끊기 어렵습니다.

부모가 가정 안에 '비교 없는 안전지대'를 만들어 주지 않으면 아이의 마음은 늘 경쟁 모드로 굳어집니다. 그리고 비교가 오래 지속되면, 아이 마음에는 두 갈래가 생깁니다. 한 갈래는 교만입니다.

"나는 남보다 낫다."

다른 한 갈래는 자기혐오입니다.

"나는 남보다 못하다."

둘 다 성품을 무너뜨립니다. 교만은 관계를 무너뜨리고, 자기혐오는 정체성을 무너뜨립니다.

✏️ 실제 상담 사례 14: "왜 이렇게 화가 나는지 모르겠어요"

한 고등학생이 상담실을 찾았습니다. 그는 또래와의 관계에서 늘 분노를 느끼고 있었고, 특히 성적 이야기가 나오면 감정을 조절하지 못했습니다. 조금만 뒤처진다고 느끼는 순간 마음속에서는 미움과 적대감이 빠르게 솟구쳤습니다. 상담 중 아이는 조심스럽게 이렇게 말했습니다.

"저희 집에서는 늘 비교가 기본이었어요."

아이의 이야기를 따라가 보니, 비교는 일시적인 훈육 방식이 아니라 가정의 정서 구조였습니다. 잘했을 때도 비교, 못했을 때도 비교가 이어졌고, 아이는 늘 누군가보다 앞서야만 안전하다고 느끼게 되었습니다. 그 결과 아이의 내면에는 이런 믿음이 자리 잡았습니다.

"나는 남보다 나아야 가치가 있다."

"뒤처지면 버려질 수 있다."

이 아이가 친구를 미워하게 된 이유는 성격의 문제가 아니었습니다. 비교 속에서 자란 아이는 겸손이나 감사, 협력을 배울 수 없었습니다. 그 자리를 대신 채운 것은 불안과 열등감, 그리고 끊임없는 경쟁심이었습니다.

이 사례는 분명히 보여 줍니다.

부모의 비교는 아이의 성적을 일시적으로 끌어올릴 수는 있지만 아이의 성품은 조용히 무너뜨립니다. 비교는 동기부여처럼 보이지만 결국 아이를 자기혐오로 이끄는 가장 치명적인 독입니다.

2. 성품의 근원과 형성의 원리

1) 성품의 근원: 하나님을 닮음

성품 교육은 단순한 예절 교육이나 인성 교육이 아닙니다. 성경이 말하는 성품의 근원은 명확합니다.

"하나님을 닮아가는 것"(엡 5:1, 마 5:48)

여기서 중요한 전환이 하나 있습니다. 성품은 "사회에서 잘 살기 위한 기술"이 아니라, 하나님의 형상이 회복되는 과정이라는 점입니다. 인간의 성품은 원래부터 완성되어 있지 않았습니다. 우리는 하나님의 형상대로 창조되었으나 죄로 인해 그 형상이 깨어지고 왜곡되었습니다. 그래서 성품 회복이란 새로운 무언가를 덧붙이는 일이 아니라, 깨어진 하나님의 형상이 다시 제자리를 찾는 과정입니다. 이 말은 매우 실제적입니다. 아이의 성품 문제를 대할 때 우리는 종종 "저 아이는 왜 저럴까?"만 묻습니다. 그러나 성경적 관점에서는 이렇게 묻습니다.

"지금 이 아이의 마음에서 무엇이 깨어져 있나?"

"어떤 관계가 어그러졌나?"

"어떤 두려움이 이 아이를 움직이나?"

성품은 겉의 행동이 아니라, 안의 구조에서 흘러나오기 때문입니다. 성품은 훈련으로 만들어지기도 하지만, 근본적으로는 하나님 앞에 얼마나 서 있느냐에 따라 달라집니다. 아이의 성품은 결국 부모가 하나님 앞에 서는 태도를 그대로 닮아간 결과물입니다.

부모님께서 아이에게 "정직해라"라고 말하시는 것보다 더 중요한 것은, 아이가 부모님의 삶을 통해 "정직이 손해처럼 보여도 결국 사람을 살린다"는 것을 체험하는 것입니다. "감사해라"라고 가르치기보다, 부모님의 입에서 감사가 자연스럽게 흘러나오는 모습을 보는 것이 훨씬 강력합니다. 성품은 지시로 주입되지 않고, 삶으로 흘러갑니다.

2) 오리지널 디자인: 샬롬이란 무엇인가?

성경이 말하는 성품의 완성 상태를 히브리어는 한 단어로 표현합니다.

‘샬롬(Shalom)’.

샬롬은 단순히 ‘문제없는 상태’나 ‘겉으로 평안한 상태’가 아닙니다. 샬롬은 온전함, 완전함, 균형, 조화, 관계적 회복을 모두 포함하는 단어입니다. 샬롬을 한마디로 말하면 “제자리로 돌아온 상태”입니다.

하나님과의 관계가 제자리에 있고,

나 자신을 보는 시선이 제자리에 있고,

타인을 대하는 태도가 제자리에 있고,

삶을 해석하는 기준이 제자리에 있는 상태입니다.

그래서 샬롬이 회복된 사람은 단지 ‘착한 사람’이 아니라, 흔들리지 않는 사람이 됩니다. 샬롬이 회복된 사람의 특징은 다음 네 가지 균형이 동시에 존재합니다.

- 하나님과의 관계가 회복됩니다.

- 자기 자신과의 관계가 회복됩니다.

- 타인과의 관계가 회복됩니다.

- 세상과 삶에 대한 태도가 회복됩니다.

샬롬은 곧 하나님이 인간을 처음 창조하실 때의 ‘오리지널 디자인’ 상태입니다. 이 말이 부모 양육에 왜 중요한가 하면, 많은 부모님들이 아이의 문제를 “기술로 해결”하려고 하기 때문입니다. 공부가 흔들리면 공부 기술을 더 붙이고, 관계가 힘들면 관계 기술을 더 배우게 합니다. 물론 도움이 됩니다. 하지만 샬롬이 무너지면 기술은 버티는 도구일 뿐, 회복의 길이 되지 못합니다. 아이가 '문제는 없어 보이는데 늘 불안'한 이유도 여기에 있습니다. 겉의 문제는 정리되어 있어도, 내면의 균형이 무너져 있으면 아이는 쉬지 못합니다.

✏️ 실제 상담 사례 15: "문제는 없는데 늘 불안해 보여요"

한 어머니가 상담 중 이렇게 말했습니다.

"아이에게 특별한 문제는 없는데, 이상하게 늘 불안해 보여요."

겉으로 보기에 아이는 큰 어려움이 없어 보였습니다. 성적도 평균 이상이었고, 친구 관계도 무난했으며, 가정환경 역시 안정적이었습니다. 병원 검사나 학교 상담에서도 특별한 문제는 발견되지 않았습니다. 그러나 아이의 일상을 조금 더 깊이 들여다보니, 내면에는 늘 긴장이 자리하고 있었습니다. 잘하고 있음에도 쉬지 못했고, 문제가 없어도 마음은 항상 대비 상태에 머물러 있었습니다. 아이는 평안해 보였지만, 안식하지 못하고 있었습니다.

이 아이에게 부족했던 것은 문제 해결 능력이 아니었습니다. 부족했던 것은 샬롬, 곧 관계적·존재적 온전함이었습니다. 하나님과의 관계, 자기 자신에 대한 신뢰, 타인과의 연결, 삶을 대하는 태도가 동시에 쉼을 얻지 못한 상태였습니다. 이 아이의 삶에는 '안전'은 있었지만, '안식'은 없었습니다. 그래서 겉으로는 멀쩡해 보여도, 속으로는 늘 무너지기 직전의 상태로 살아가고 있었습니다.

이 사례는 분명히 보여 줍니다.

샬롬이 회복되지 않은 아이는 문제없이 살아가는 것처럼 보여도, 내면은 금방이라도 쓰러질 것처럼 지쳐 있습니다. 샬롬은 문제가 없는 상태가 아니라, 존재 전체가 하나님 안에서 다시 제자리를 찾은 상태입니다.

3) 성품은 '관계' 속에서 만들어진다

성품은 강의로 만들어지지 않습니다. 성품은 훈계로 완성되지도 않습니다. 성품은 언제나 '관계 속에서만' 형성됩니다. 이것은 부모에게는 부담이기도 하지만 동시에 큰 소망이기도 합니다. 왜냐하면 아이의 성품은 "부모가 특별한 교육을 더 제공해야만" 자라는 것이 아니라, 지금 매일 하고 있는 관계의 방식을 바꾸면 자라기 시작하기 때문입니다. 아이의 성품은 부모가 아이를 대하는 방식에서 거의 그대로 복사됩니다.

- **존중받는 아이** → 타인을 존중합니다.
- **용서받은 아이** → 타인을 용서합니다.
- **기다림을 경험한 아이** → 타인을 기다립니다.
- **격려 속에서 자란 아이** → 타인을 살립니다.

반대로,

- **폭언 속에 자란 아이** → 말로 사람을 무너뜨립니다.
- **통제 속에 자란 아이** → 권력으로 사람을 누릅니다.
- **무시당한 아이** → 약자를 무시합니다.

아이는 "무엇이 옳은지"보다 "어떻게 관계하는지"를 먼저 배웁니다. 그래서 성품 교육은 아이에게만 요구하는 일이 아니라, 가정의 관계 문화를 다시 세우는 일입니다. 가정 안에서 존중이 '기본 언어'가 되면, 아이는 밖에서도 존중을 기본 언어로 씁니다. 가정 안에서 용서와 화해가 살아 있으면, 아이는 갈등 상황에서도 무너뜨리기보다 회복을 선택합니다.

✏️ 실제 상황 예화 16: "왜 이렇게 말이 거칠어졌을까요?"

한 초등학생이 학교에서 친구들에게 상처 주는 말을 반복해 사용한다는 이유로 상담 의뢰가 왔습니다. 아이는 사과를 요구받을 때마다 이렇게 말하곤 했습니다.

"그냥 말한 건데요."

아이 스스로는 자신의 말이 왜 문제가 되는지 잘 이해하지 못하고 있었습니다. 그러나 상담 과정에서 가정의 분위기를 함께 살펴보자 중요한 단서가 드러났습니다. 집 안에서는 실수나 갈등이 생길 때마다 높은 목소리와 날카로운 말이 오갔고, 아이는 그 장면을 늘 곁에서 보고 자라왔습니다.

아이에게 말은 선택이 아니라 익숙한 관계의 방식이었습니다. 누군가를 존중하는 언어보다, 상대를 눌러야 안전하다는 구조를 먼저 배운 것입니다. 그 결과 아이는 의도하지 않게 말로 사람을 무너뜨리는 방식을 사용하고 있었습니다. 이 아이의 문제는 성격이나 예절 교육의 실패가 아니었습니다. 아이의 성품은 가정 내 관계 속에서 체득된 결과였습니다. 존중받는 경험이 부족했던 아이는 존중을 배울 기회가 없었고, 기다려주는 어른을 만나지 못한 아이는 기다림을 알지 못했습니다.

이 사례는 분명히 보여 줍니다.

성품은 가르쳐서 생기는 것이 아니라, 매일 반복되는 관계 속에서 자연스럽게 복사됩니다. 아이의 성품을 바꾸고 싶다면, 먼저 아이와 맺고 있는 관계의 방식을 돌아보아야 합니다.

3. AI 시대가 요구하는 핵심 성품과 부모의 역할

1) AI 시대가 요구하는 핵심 성품

AI가 대체하지 못하는 성품은 분명합니다.

정직, 책임, 공감, 협력, 절제, 감사

앞으로의 사회는 '혼자서 완벽하게 해내는 사람'보다 '함께 문제를 풀어낼 줄 아는 사람'을 더 필요로 합니다. 기술이 고도화될수록 오히려 인간의 관계 능력, 책임감, 신뢰성이 중심이 됩니다. 그래서 미래는 혼자 잘하는 사람이 아니라, 함께 잘할 줄 아는 사람의 것이 됩니다.

성품이 없는 능력은 언젠가 반드시 자기 자신과 타인을 무너뜨립니다. 그러나 능력이 부족해 보여도 성품이 좋은 사람은 결국 주변을 살리는 사람으로 서게 됩니다. 성품이 좋은 사람은 시간을 두고 신뢰를 쌓고, 신뢰는 결국 기회를 데려옵니다. AI 시대에도 이 원리는 절대 변하지 않습니다. 특히 여섯 가지 성품을 조금 더 풀어보면 이렇습니다.

- **정직**: 들키지 않으면 넘어가는 시대가 아니라, 기록이 남는 시대입니다. 결국 정직은 가장 현실적인 생존력입니다.

- **책임**: AI는 결과를 낼 수는 있어도 책임을 지지 않습니다. 책임지는 사람은 언제나 필요합니다.

- **공감**: 사람의 고통을 알아보는 능력은 대체되지 않습니다. 공감은 관계의 문을 여는 열쇠입니다.

- **협력**: 복잡한 문제는 혼자 풀 수 없습니다. 협력은 실력보다 더 오래 가는 경쟁력입니다.

- **절제**: 자극이 넘치는 시대에 절제는 '자유를 지키는 힘'입니다. 절제가 없으면 욕망이 주인이 됩니다.

- **감사**: 감사는 마음을 지키고 비교를 끊습니다. 감사가 없는 성취는 곧 불안이 됩니다.

2) 부모의 역할: 성품을 '가르치는 사람'이 아니라 '사는 사람'

부모는 아이에게 이렇게 말하며 기대합니다.

"정직해라."

"겸손해라."

"감사해라."

그러나 아이는 부모의 말을 배우기보다 부모의 삶을 훨씬 더 정확하게 배웁니다.

- **부모가 불평하면** → 아이는 불평을 배웁니다.
- **부모가 비교하면** → 아이는 비교를 배웁니다.
- **부모가 감사하면** → 아이는 감사를 배웁니다.

성품 교육의 성공 여부는 부모가 아이 앞에서 스스로 어떤 사람으로 살아가고 있느냐에 달려 있습니다. 그래서 성품 교육은 '아이를 바꾸는 프로젝트'가 아니라 '가정의 방향을 회복하는 과정'입니다. 부모가 완벽하라는 뜻이 아닙니다. 오히려 부모가 하나님 앞에서 회개하고, 다시 배우고, 다시 일어서는 모습을 보일 때 아이는 가장 중요한 성품을 배웁니다. "사람은 넘어질 수 있지만, 다시 제자리로 돌아올 수 있다." 이 경험이 아이의 성품을 세웁니다.

3) 성품을 키우는 실제적인 방법

① **결과보다 '과정'을 칭찬하십시오.**

"왜 이것밖에 못 했니?" → "어떤 점을 열심히 했구나."

부모님, 과정 칭찬은 아이에게 "나는 결과로만 평가되지 않는다"는 안정을 줍니다. 그 안정이 있어야 아이는 정직해질 수 있고, 실패를 숨기지 않을 수 있습니다. 결과만 붙들면 아이는 거짓말로라도 결과를 만들고 싶어집니다. 과정 칭찬은 성품을 지키는 울타리입니다.

② 실패를 훈련으로 해석하십시오.

실패 = 인생의 끝 ×

실패 = 성장의 재료 ○

실패를 훈련으로 해석해 주는 부모 밑에서 아이는 책임을 배웁니다. 실패를 '혼나는 사건'으로만 경험하면 아이는 회피를 배우고, 실패를 '함께 배우는 경험'으로 만들면 아이는 회복탄력성을 배웁니다.

③ 감정 표현을 허락하십시오.

화나는 감정도, 속상한 감정도, 두려운 감정도 모두 샬롬으로 가는 통로가 됩니다. 감정을 금지하면 감정이 사라지는 것이 아니라, 감정이 왜곡되어 나옵니다. 감정을 허락받은 아이는 감정을 다루는 법을 배웁니다. 이것은 절제의 기초가 됩니다.

④ 용서를 경험하게 하십시오.

용서 없는 가정은 하나님의 성품을 모르는 가정을 만듭니다. 용서는 "없던 일로 하자"가 아니라 "관계를 살리자"입니다. 아이가 용서를 경험하면, 아이는 관계를 파괴하는 대신 회복을 선택할 줄 아는 사람이 됩니다. AI 시대에 가장 강력한 사람은 관계를 망가뜨리지 않는 사람입니다.

4. 부모 실천 체크리스트 & 소그룹 나눔 질문

부모 실천 체크리스트 (성품 양육 점검)

나는 아이의 성품보다 성적을 더 자주 말해 왔는가? ☐

나는 아이 앞에서 불평과 비교를 얼마나 자주 하고 있는가? ☐

나는 아이의 실패를 훈련의 기회로 해석해 주고 있는가? ☐

우리 가정에는 용서와 화해의 언어가 존재하는가? ☐

나는 지금도 하나님 앞에서 성품이 다듬어지고 있는 부모인가? ☐

소그룹 나눔 질문 (부모 모임용)

나에게 '성품'이란 어떤 의미였습니까? ☐

내가 자녀에게 가장 많이 보여 준 성품은 무엇이라고 느끼
십니까? □
비교와 경쟁이 우리 가정의 성품에 미친 영향은 무엇이었
습니까? □
오늘 말씀을 통해 가장 찔림이 된 한 문장은 무엇입니까? □
이번 주 내가 가장 의도적으로 실천하고 싶은 성품 한 가지
는 무엇입니까? □

제5장 맺음말

성품은 한 번의 훈육으로 만들어지지 않습니다. 성품은 매일의 삶 속에서 조용히, 그러나 분명하게 자라납니다. 성품이 무너지면 인생이 흔들리지만, 성품이 바로서면 인생은 반드시 일어섭니다.

AI 시대가 올수록 기술은 더 빨라지고, 세상은 더 복잡해질 것입니다. 그러나 그 어떤 시대가 와도 하나님을 닮은 성품을 가진 사람은 결국 하나님의 사람으로 서게 될 것입니다.

회복탄력성

― 무너지지 않는 힘, 다시 일어서는 은혜

1. 왜 지금 '회복탄력성'이 중요한가?

요즘 양육 현장과 상담 현장에서 가장 많이 들리는 고백 중 하나는 이것입니다.

"요즘 아이들은 너무 쉽게 무너집니다."

"조금만 힘들어도 포기합니다."

"상처를 받으면 회복이 너무 느립니다."

이 말은 단지 아이들이 약해졌다는 탄식이 아니라, 아이들이 버텨야 할 환경이 이전과는 전혀 달라졌다는 증언이기도 합니다. 오늘 아이들은 더 많은 정보를 알고, 더 많은 선택지를 가지고, 더 빠른 속도로 비교의 무대에 노출됩니다. 하지만 정작 그 변화를 견디고 상처를 추스르며 다시 일어서는 내면의 근육은 충분히 길러지지 못한 경우가 많습니다. AI 시대의 아이들은 "지식"을 얻는 데는 익숙하지만, "실패"를 견디는 데는 익숙하지 않습니다. 왜냐하면 실패를 견디는 힘은 정보가 아니라 관계와 경험으로 만들어지기 때문입니다. 지금 아이들에게 가장 부족한 것은 지능이 아니라 '버티는 힘'과 '다시 일어서는 힘'입니다.

회복탄력성이란 실패, 좌절, 상처, 위기 속에서도 다시 삶의 자리로 돌아올 수 있는 힘입니다. 중요한 점은, 회복탄력성이 높은 사람은 "안 무너지는 사람"이 아니라 무너져도 회복 경로를 알고 있는 사람이라는 사실입니다. 넘어짐 자체가 문제라기보다, 넘어졌을 때 돌아올 길이 없다고 느끼는 것이 더 큰 문제입니다.

성공한 사람들의 공통점은 항상 "실패하지 않은 사람"이 아니라 "실패한 후에도 포기하지 않은 사람"이었습니다. 실패는 누가 더 덜 겪느냐의 싸움이 아니라, 누가 실패를 어떻게 해석하고 다시 움직이느냐의 싸움입니다.

성경이 말하는 회복탄력성은 모든 인생이 반드시 무너지는 순간을 통과한다는 것을 전제로 말합니다.

요셉: 억울한 배신 → 노예 → 감옥

다윗: 사울의 추격 → 도망자의 삶

엘리야: 갈멜산 승리 후 우울과 낙심

베드로: 예수 부인 → 통곡

중요한 것은 이들이 넘어졌다는 사실이 아니라, 다시 일어났다는 사실입니다.

"의인은 일곱 번 넘어질지라도 다시 일어나려니와"(잠언 24:16).

회복탄력성은 세상 심리학에서 발견된 개념이 아니라, 이미 성경이 오래전부터 가르쳐 온 '믿음의 구조'입니다. 성경의 관점에서 회복은 "강해지는 기술"이 아니라, 은혜로 다시 자리로 돌아오는 과정입니다. 회복탄력성은 결국 이런 질문으로 정리됩니다.

넘어졌을 때, 나는 나를 어떻게 해석하는가?

넘어졌을 때, 나는 하나님을 어떻게 이해하는가?

넘어졌을 때, 나는 누구에게 연결될 수 있는가?

이 세 가지가 연결될 때, 사람은 무너지지 않습니다. 정확히 말하면, 무너지더라도 무너진 자리에서 끝나지 않습니다.

2. 회복탄력성은 무엇인가?

회복탄력성은 하나의 성격이나 기질이 아니라, 몇 가지 핵심 요소가 함께 작동하는 통합 능력입니다. 그 핵심축을 정리하면 크게 세 가지로 볼 수 있습니다.

자기조절능력

대인관계 능력

긍정성(해석의 능력)

그리고 이 모든 능력의 바탕에는 한 가지가 더 깔려 있습니다.

바로 정서적 접촉과 안전한 연결입니다. 접촉이 결핍되면 세 요소가 동시에 약해지기 쉽습니다.

1) 자기조절능력

자기조절은 감정, 욕구, 충동을 스스로 조절하는 능력입니다. 회복탄력성이 높은 사람은 감정이 없는 사람이 아니라, 감정을 다룰 줄 아는 사람입니다. 인생을 지키는 사람은 하고 싶은 것을 다 하는 사람이 아니라, 하지 말아야 할 것을 끊을 줄 아는 사람입니다. 자기조절이 약하면 작은 좌절이 큰 폭발로 이어지고, 작은 실패가 전체 포기로 연결됩니다. 자기조절이 약한 아이에게 나타나는 특징은 다음과 같습니다.

참고 기다리지 못합니다.

감정이 올라오면 바로 폭발합니다.

실패하면 극단적으로 무너집니다.

자기조절은 훈련될 수 있습니다. 다만 그 훈련의 출발점은 '말로 가르치는 것'이 아니라, 일상에서 반복되는 감정 사용 방식입니다.

어른이 감정을 조절하면 → 아이는 조절을 배웁니다.

어른이 분노를 그대로 쏟으면 → 아이는 폭발을 배웁니다.

여기서 중요한 점이 있습니다. 자기조절을 가르친다는 것은 감정을 없애는 것이 아니라, 감정이 올라오는 순간에도 관계가 깨지지 않는 방식을 배우게 하는 것입니다. 즉, "화내지 마"가 아니라 "화가 올라올 때 어떻게 멈추고 어떻게 말할지"를 함께 익히는 것입니다.

✏️ 실제 상담 사례 17: "나도 모르게 화가 나요"

한 어머니는 상담 중 반복해서 이렇게 말했습니다.

"저는 원래 성격이 급해요. 화가 나면 참지를 못해요."

집 안에서 감정은 자주 빠른 속도로 터져 나왔습니다. 일이 뜻대로 되지 않으면 목소리가 높아졌고, 아이가 실수하면 바로 분노가 표현되었습니다. 어머니는 그것을 자신의 성격 탓으로 여기며 대수롭지 않게 여겼습니다.

그러나 시간이 지나 아이에게 같은 문제가 나타났습니다. 아이 역시 감정이 올라오면 기다리지 못했고, 작은 좌절에도 쉽게 폭발하거나 극단적으로 무너졌습니다. 학교에서는 "감정 조절이 어렵다"는 평가를 받기 시작했습니다.

상담을 통해 드러난 사실은 분명했습니다. 아이의 감정 조절 문제는 타고난 기질적 요인보다, 부모로부터 습득한 감정표출 방식의 결과였습니다. 아이는 어머니의 말을 배운 것이 아니라, 어머니가 분노를 다루는 방식을 그대로 복사하고 있었습니다.

이 아이에게 자기조절은 가르쳐진 적이 없었습니다. 감정을 느끼되 멈추는 법, 충동이 올라와도 한 번 더 숨을 고르는 법을 관계 속에서 경험하지 못했기 때문입니다.

이 사례는 분명히 보여 줍니다.

자기조절은 훈계로 전달되지 않습니다.

부모가 감정을 조절하는 모습을 보일 때,

아이는 비로소 감정을 다룰 수 있는 힘을 배웁니다.

2) 대인관계 능력

회복탄력성은 혼자만의 힘으로 완성되지 않습니다. 회복탄력성은 사람과 사람 사이에서 자라납니다. 혼자 버티는 사람은 언젠가 지치지만, 함께 가는 사람은 오래 갑니다.

대인관계 능력이 부족한 아이는 위기 앞에서 혼자 고립되기 쉽습니다. 그러면 상처는 곧바로 절망으로 확대됩니다. 반대로 도움을 요청할 줄 아는 사람은 상처 앞에서 무너지지 않습니다. "도움을 요청한다"는 것은 약함이 아니라, 회복탄력성의 핵심 기술입니다. 회복탄력성이 높은 아이는 다음 능력을 가지고 있습니다.

도움을 요청할 줄 아는 능력

관계 속에서 자신의 감정을 표현하는 능력

갈등 후 다시 관계를 회복하는 능력

이 모든 것은 어릴 때 가정에서의 관계 경험을 통해 만들어집니다. "힘들다고 말해도 괜찮다"는 경험이 있는 아이는 위기 앞에서 입을 닫지 않습니다. "도움을 요청해도 부담이 아니다"라는 경험이 있는 아이는 혼자가 되지 않습니다.

중학생 한 아이가 상담실을 찾았습니다. 학교에서 친구 관계의 어려움을 겪고 있었지만, 누구에게도 그 사실을 말하지 않고 혼자 버티고 있었습니다. 상담 초반, 아이는 이렇게 말했습니다.

"이 정도는 제가 혼자 해결해야 하는 줄 알았어요."

겉으로 보기에는 조용하고 문제없는 아이였습니다. 그러나 내면에는 외로움과 좌절이 깊이 쌓여 있었습니다. 친구와의 갈등이 생겨도 도움을 요청하지 않았고, 감정이 상해도 표현하지 않았습니다. 아이는 상처를 드러내는 것이 곧 약함이라고 믿고 있었습니다. 상담을 통해 가정에서의 관계 경험을 살펴보자 중요한 배경이 드러났습니다. 이 아이는 어릴 때부터 힘든 일이 있어도 "그 정도는 참아야지", "네가 알아서 해야지"라는 말을 자주 들어왔습니다. 가정 내에서 도움을 구하거나 솔직한 감정을 공유하는 문화가 부재했습니다.

그 결과 아이는 이렇게 배웠습니다.

"힘든 건 혼자 견뎌야 한다."

"도움을 요청하면 부담이 된다."

이 아이에게 상처는 나눌 수 있는 경험이 아니라, 혼자 감당해야 하는 무게였습니다. 그래서 작은 관계의 균열도 곧바로 절망으로 확대되었습니다. 아이의 어려움은 사회성이 부족해서가 아니라, 관계 속에서 의지해 본 경험이 부족했기 때문이었습니다.

이 사례는 분명히 보여 줍니다.

회복탄력성은 혼자 버티는 힘이 아니라,

사람에게 다가갈 수 있는 용기에서 자라납니다.

어릴 때 가정에서 도움을 요청해도 관계가 깨지지 않는다는 경험을 한 아이는, 위기 앞에서도 혼자가 되지 않습니다.

3) 긍정성

긍정성은 "늘 밝게 웃는 성격"을 의미하지 않습니다. 긍정성이란 상황을 해석하는 눈의 방향입니다.

"나는 망했다" → 절망

"나는 배웠다" → 회복

같은 실패라도 "나는 안 된다"로 해석하면 인생이 무너지고, "나는 아직 과정 중이다"로 해석하면 인생이 자랍니다.

긍정성은 상황 자체보다 상황을 해석하는 내면의 언어에서 만들어집니다. 이 내면의 언어는 어느 날 갑자기 생기지 않습니다. 어린 시절부터 반복적으로 들은 말, 실패했을 때 받았던 반응, 실수했을 때의 분위기가 모여 아이 안에 해석의 자동 문장을 만듭니다.

"그러니까 네가 그럴 줄 알았다."

"너는 원래 그런 애야."

이런 문장은 아이에게 실패를 '사건'이 아니라 '정체성'으로 만들게 합니다. 반대로, 실패를 겪을 때 이렇게 해석해 주면 아이는 다시 일어섭니다.

"이번에는 힘들었구나."

"그래도 여기까지 온 것은 참 대단하다."

"이 실패가 너를 더 단단하게 만들 것이다."

긍정성은 감정을 부정하는 태도가 아닙니다. 오히려 아픔을 인정하면서도, 그 아픔이 '끝'이 아니라 '과정'임을 말해 주는 힘입니다. 신앙적으로 말하면, 긍정성은 "하나님이 나를 보시는 눈으로 나를 바라보는 것"입니다.

✏️ 실제 상담 사례 19: "이제 저는 끝난 것 같아요"

고등학생 한 아이가 시험 결과를 들고 상담실에 들어와 고개를 숙인 채 말했습니다.

"이번 시험을 망쳤어요. 이제 저는 끝난 것 같아요."

성적은 기대에 미치지 못했지만, 회복할 수 없는 수준은 아니었습니다. 그러나 아이의 표정과 언어는 이미 실패를 최종 판결처럼 받아들이고 있었습니다. 아이에게 이번 결과는 하나의 사건이 아니라, 자신의 존재를 규정하는 증거가 되어 있었습니다. 상담을 통해 아이가 스스로에게 사용하는 말을 따라가 보니, 익숙한 내면의 문장이 반복되고 있었습니다.

"나는 역시 안 된다."

"나는 원래 이 정도밖에 안 되는 애다."

그 배경에는 오랜 시간 반복되어 온 해석의 방식이 있었습니다. 아이가 실수할 때마다 들었던 말은 위로가 아니라 낙인이었습니다.

"그러니까 네가 그럴 줄 알았다."

"너는 원래 그런 애야."

그 결과 아이는 실패를 경험할 때마다 다시 일어설 언어를 갖지 못했고, 실패는 곧바로 절망으로 이어졌습니다. 아이에게 부족했던 것은 노력이나 능력이 아니라, 상황을 다시 해석할 수 있는 내면의 시선이었습니다. 상담의 마지막에 아이는 처음으로 이런 말을 해보았습니다.

"이번에 많이 힘들었지만… 그래도 여기까지 온 건 사실이네요."

이 사례는 분명히 보여 줍니다.

긍정성은 감정을 부정하는 태도가 아니라, 하나님이 나를 바라보시는 눈으로 상황을 다시 해석하는 힘입니다. 그 눈이 회복될 때, 실패는 끝이 아니라 다음 성장을 위한 과정이 됩니다.

4) 회복탄력성을 무너뜨리는 가장 큰 적, '접촉결핍'

현대 아이들의 회복탄력성이 약해지는 가장 큰 이유 중 하나는 정서적 접촉의 결핍입니다. 아이는 안아주는 손이 없으면 스스로를 붙잡을 힘도 기르지 못합니다. 회복탄력성은 혼자 만들어지지 않습니다. 회복탄력성은 관계 속에서 길러집니다.

위로받아 본 아이 → 스스로를 위로할 줄 압니다.

다시 품어져 본 아이 → 다시 일어날 줄 압니다.

실패해도 버려지지 않았던 아이 → 실패를 견딥니다.

그러나 접촉이 결핍되면 아이의 내면에는 이런 구조가 만들어집니다.

"나는 혼자다."

"나는 실패하면 버려질 수 있다."

"나는 약해도 기댈 곳이 없다."

이 구조는 아이의 회복탄력성을 가장 깊이 훼손합니다. 그리고 이 훼손은 겉으로 바로 드러나지 않을 수 있습니다. 겉으로는 멀쩡해 보여도, 작은 실수 앞에서 과도하게 얼어붙고, 작은 비판에도 크게 무너지고, 선택을 앞두고 극심한 불안을 느끼는 형태로 나타납니다. 심리학자 사티어는 하루에 4번 안아주면 겨우 살고, 8번 안아주면 근근이 살아가고, 12번 안아주면 잘 산다는 말을 했습니다.

안아주는 것 하나가 모든 문제를 해결해 주지는 않지만, 분명한 것은 정서적 접촉이 마음의 안정을 만든다는 사실입니다. 안정이 있어야 도전할 수 있고, 도전이 있어야 실패를 경험하며, 실패를 경험해야 회복탄력성이 자랍니다.

✏️ 실제 상담 사례 20: "실망할까 봐 너무 무서워요"

초등학교 고학년 한 아이가 상담실에서 극심한 불안을 호소했습니다. 작은 실수에도 얼굴이 굳어졌고, 과제나 시험 이야기가 나오면 몸이 먼저 긴장했습니다. 아이는 조심스럽게 이렇게 말했습니다.

"틀리면 엄마가 실망할까 봐 너무 무서워요."

겉으로 보기에는 특별한 문제 행동이 없었고, 성적도 평균 수준이 었습니다. 그러나 아이의 내면에는 늘 경보가 켜져 있었습니다. 실수 는 곧 혼남이 아니라, 관계가 멀어질 수 있다는 신호로 받아들여지고 있었습니다.

상담을 통해 가정에서의 정서적 경험을 살펴보자, 아이는 위로받거 나 안아져 본 기억을 거의 떠올리지 못했습니다. 잘했을 때는 인정받 았지만, 힘들 때는 스스로 감당해야 했습니다. 실패했을 때 품어지는 경험보다, 조용히 거리를 두는 반응을 더 자주 경험해 왔습니다. 그 결 과 아이의 내면에는 이런 구조가 자리 잡았습니다.

"나는 혼자다."

"나는 실패하면 버려질 수 있다."

이 아이에게 실패는 배움의 일부가 아니라, 관계 단절의 위기였습 니다. 그래서 작은 실수 앞에서도 과도한 불안이 올라왔고, 다시 시도 할 힘을 모으지 못했습니다. 회복탄력성이 자라날 토양 자체가 부족 했던 것입니다.

이 사례는 분명히 보여 줍니다.

회복탄력성은 설명이나 훈계로 자라지 않습니다. 다시 품어지는 경 험, 곁에 남아 있는 관계 속에서 자랍니다. 실패해도 버려지지 않는다는 확신이 있을 때, 아이는 비로소 다시 일어설 수 있습니다.

3. 회복탄력성을 세우는 부모의 역할과 훈련

1) 부모의 역할: 무너지는 순간에 '붙들어 주는 사람'

회복탄력성은 아이가 넘어질 때 만들어집니다. 그런데 그때 주변이 어떻게 반응하느냐가 인생을 완전히 다르게 만듭니다.

비난을 먼저 받으면 → 아이는 자신을 미워합니다.

외면을 먼저 경험하면 → 아이는 세상을 불신합니다.

붙들어 주는 경험을 하면 → 아이는 다시 일어섭니다.

넘어졌을 때 "왜 넘어졌느냐"를 먼저 묻지 말고, "많이 아팠겠다"라고 먼저 말해 주는 것이 중요합니다. 회복탄력성은 문제를 해결해 줬기 때문에 자라는 것이 아니라, 문제 가운데서 함께 있어 주었기 때문에 자랍니다.

여기서 핵심은 '방임'이 아니라 '동행'입니다. 실패를 합리화해 주는 것이 아니라, 실패 속에서도 관계를 유지해 주는 것입니다. 아이는 그 경험을 통해 이런 확신을 얻습니다.

"실패해도 끝이 아니다."

"넘어져도 돌아올 자리가 있다."

이 확신이 회복탄력성의 뿌리입니다.

2) 회복탄력성을 키우는 실제적인 방법

① 실패를 숨기지 말고, 해석해 주라

실패는 부끄러운 것이 아니라 성장의 재료입니다. 실패한 사실보다 더 중요한 것은 실패를 어떻게 해석하느냐입니다. 실패를 숨기게 만들면 아이는 거짓말을 배우고, 실패를 말해도 안전하게 만들면 아이는 성장 언어를 배웁니다.

"왜 그랬어?"만 남으면 → 두려움이 커집니다.

"무엇을 배웠니?"가 함께 있으면 → 회복이 시작됩니다.

② 감정을 억누르지 말고, 표현하게 하라

울어도 되고, 화가 나도 됩니다. 감정이 나쁜 것이 아닙니다. 단, 표현하는 방법을 함께 배워야 합니다. 감정을 억누르게 만들면 감정은 사라지지 않고, 다른 방식으로 터집니다. 반대로 감정을 표현하도록 돕되, 관계를 깨지 않는 방식으로 표현하게 하면, 아이는 감정의 주인이 됩니다. 이것이 자기조절의 실질 훈련입니다.

③ 기다림을 훈련하라

즉각적인 만족은 회복탄력성을 크게 약화시킵니다. 기다림은 단순한 인내심이 아니라, 충동을 다루는 능력입니다. 충동을 다룰 줄 아는 아이는 실패 앞에서도 무너지지 않습니다. 즉시 보상만 경험한 아이는 좌절을 견디기 어렵습니다.

④ 감사 훈련을 함께 하라

감사는 절망을 밀어내는 가장 강력한 내적 근육입니다. 감사는 현실 부정이 아니라, 현실 속에서도 하나님이 주신 은혜를 발견하는 능력입니다. 감사가 자라면 비교가 약해지고, 비교가 약해지면 불안이 약해지며, 불안이 약해지면 회복이 빨라집니다.

4. 부모 실천 체크리스트 & 소그룹 나눔 질문

부모 실천 체크리스트 (회복탄력성 양육 점검)

나는 아이의 실패를 비난하기보다 함께 서 주는 부모인가? ☐

나는 아이의 감정을 통제하려 하지 않고 이해하려 하는가? ☐

나는 아이가 도움을 요청하는 행위를 약함이 아닌 지혜로 여기는가? ☐

우리 가정에는 실패를 말해도 안전한 분위기가 있는가? ☐

나는 지금도 나 자신의 실패 앞에서 다시 일어나는 모습을 아이에게 보여 주고 있는가? ☐

제6장 맺음말

회복탄력성은 "넘어지지 않는 힘"이 아닙니다. 회복탄력성은 "넘어져도 다시 일어나는 은혜"입니다. 하나님은 우리 인생에서 넘어지지 않는 길을 허락하시지 않지만, 다시 일어날 수 없는 길은 결코 허락하지 않으십니다. 아이를 실패하지 않게 만드는 것이 부모의 사명이 아닙니다. 아이를 실패 앞에서도 다시 일어나 도전할 수 있게 하는 것이 부모의 진짜 사명입니다.

제7장

자아존중감

— 하나님의 눈으로 나를 보고, 세상을 보다

1. 무너진 자아존중감이 만드는 인생의 왜곡

1) 자아존중감이 무너지면, 인생의 해석 방식이 무너진다

요즘 아이들과 청년들을 만나면 한 가지 공통된 고백을 자주 듣게 됩니다.

"나는 별 볼 일 없는 사람 같아요."

"잘해도 불안하고, 못하면 더 불안해요."

성적으로도, 외적으로도, 환경적으로도 부족할 것이 없어 보이는 아이들조차 내면에서는 끊임없이 자기 존재의 가치를 의심하며 치열하게 싸우고 있습니다. 겉으로는 멀쩡해 보이는데, 속은 늘 불안하고 흔들리는 모습입니다. 문제는 대개 능력 부족이 아닙니다. 자기를 해석하는 틀이 무너진 것입니다. 자아존중감이 무너지면 인생은 사건 그 자체가 아니라, 그 사건을 받아들이는 '해석'에서부터 무너지기 시작합니다. 같은 실패를 경험해도 자아존중감이 건강한 아이는 "나는 또 배웠다"고 해석하지만, 자아존중감이 약한 아이는 "나는 역시 안 되는 사람"으로 해석합니다. 여기서 결정적 차이는 실패의 크기가 아니라, 실패를 받아들이는 내면의 문장입니다.

자아존중감은 성취의 부산물이 아닙니다. 자아존중감은 존재에 대한 해석의 틀입니다. 자아존중감이 무너진 아이가 자주 보이는 특징은 대체로 이렇습니다. 작은 지적에도 크게 무너집니다. 지적이 '행동 수정'이 아니라 '존재 부정'으로 들리기 때문입니다.

완벽주의가 강해집니다. 실수하면 존재가 흔들리니, 실수하지 않으려는 강박이 생깁니다. 시도 자체를 피합니다. 실패가 곧 수치이자 파멸처럼 느껴지니, 안 하는 것이 안전하다고 생각합니다.

인정 중독으로 흐르기 쉽습니다. "괜찮다"는 확신이 안에서 나오지 않으니 바깥의 칭찬과 비교로 자신을 버팁니다. 결국 자아존중감이 무너지면, 아이는 '능력'이 아니라 '해석'에서 먼저 주저앉습니다. 그래서 성적을 올려도 불안이 해결되지 않고, 친구 관계가 좋아져도 마음이 안정되지 않는 경우가 많습니다.

자아존중감은 인생의 모든 경험을 담아내는 그릇이기 때문입니다. 그릇이 깨져 있으면, 좋은 것도 새어 나가고 나쁜 것도 더 크게 느껴집니다.

2) 세상이 주는 자아존중감 vs 하나님이 주시는 자아존중감

세상이 말하는 자아존중감은 언제나 조건부입니다.

- 잘하면 가치 있다.

- 예쁘면 인정받는다.

- 남보다 나으면 성공이다.

그러나 하나님이 주시는 자아존중감은 무조건적입니다.

"네가 잘하든, 못하든 너는 이미 나의 사랑받는 자녀다."

이 두 자아존중감은 아이의 인생을 전혀 다른 방향으로 이끕니다.

- 조건부 자아존중감 → 불안, 비교, 과잉 경쟁

- 존재 기반 자아존중감 → 안정, 감사, 도전

조건부 자아존중감은 언뜻 '열심히 살게 하는 동력'처럼 보이기도 합니다. 실제로 단기간에는 성취를 올릴 수 있습니다. 그러나 그 성취는 '기쁨'이 아니라 '불안 관리'가 됩니다. "잘해야 안전하다"는 구조 안에서 아이는 이기고 있어도 불안하고, 뒤처지면 더 큰 불안에 휩싸입니다. 그 결과 아이는 어느 순간 "나는 무엇을 해도 안 편하다"는 결론에 도달합니다.

반면 존재 기반 자아존중감은 성취를 부정하지 않지만, 성취를 정체성의 뿌리로 삼지 않습니다. 그래서 실패해도 무너지지 않고, 성공해도 교만해지지 않으며, 비교에 휘둘리지 않고 다시 자신의 자리로 돌아옵니다.

자아존중감이 성적에서 나온 아이는 성적이 무너질 때 함께 무너

지고, 자아존중감이 하나님에게서 나온 아이는 성적이 흔들려도 다시 일어섭니다.

늘 성적이 상위권이던 한 아이가 중학교에 진학한 후 성적이 눈에 띄게 떨어지면서 상담실을 찾았습니다. 아이는 고개를 숙인 채 이렇게 말했습니다.

"전 이제 쓸모없는 사람 같아요."

성적은 이전보다 낮아졌지만, 회복 불가능한 수준은 아니었습니다. 그러나 아이의 내면에서는 단순한 좌절이 아니라 존재 자체가 무너지는 경험이 일어나고 있었습니다. 실패가 하나의 사건에 머무르지 않고, 자신을 규정하는 결론이 되어 버린 것입니다.

상담을 통해 아이의 성장 과정을 살펴보니, 그는 어릴 때부터 이런 메시지 속에서 자라왔습니다.

"잘해야 인정받는다."

"성적이 곧 너의 가치다."

그 구조 안에서 아이에게 성취는 기쁨이 아니라, 존재를 유지하기 위한 조건이었습니다. 그래서 성적이 흔들리는 순간, 아이는 실패를 경험한 것이 아니라 자신이 무가치해졌다고 해석하게 되었습니다.

이 아이의 문제는 성적이 아니었습니다. 문제는 조건부 자아존중감이 만들어 낸 왜곡된 해석의 틀이었습니다. 자아존중감이 성취에 매여 있을 때, 실패는 곧 인생의 붕괴로 느껴집니다.

이 사례는 분명히 보여 줍니다.

자아존중감은 성취의 부산물이 아닙니다. 자아존중감은 존재를 바라보는 해석의 틀입니다. 자아존중감이 하나님에게서 나온 아이는 성적이 흔들려도 다시 일어서지만, 조건부 자아존중감 위에 선 아이는 작은 실패 앞에서도 인생이 무너진 것처럼 느끼게 됩니다.

2. 자아존중감을 세우는 것과 무너뜨리는 것

1) 하나님의 눈으로 '나'를 보는 것

성경은 우리의 자존감의 근원을 분명히 선언합니다.

하나님의 형상 (창 1:27)

하나님의 자녀 (요 1:12)

그의 손으로 지은 바 된 존재 (시 139:14)

우리는 무엇을 해서 가치 있는 존재가 아니라, 하나님이 우리를 지으셨기 때문에 가치 있는 존재입니다. 이 선언이 머리로만 남아 있으면, 삶의 현장에서는 여전히 비교가 이깁니다. 그래서 자아존중감은 단지 "좋은 말로 위로 받는 것"이 아니라, 하나님의 선언을 반복해서 내 해석의 기준으로 삼는 훈련이 필요합니다.

아이에게 반드시 알려 주어야 할 가장 중요한 메시지는 '너는 이미 충분하다'라는 말입니다. 여기서 "충분하다"는 "아무것도 안 해도 된다"는 뜻이 아니라, "너의 존재는 성취와 상관없이 이미 존귀하다"는 뜻입니다. 이 토대가 있어야 아이는 노력도 건강하게 할 수 있습니다. 토대가 무너지면 노력은 곧 생존이 됩니다.

하나님의 눈으로 자신을 보는 아이는 실패해도 자신을 미워하지 않고, 성공해도 교만해지지 않습니다. 왜냐하면 실패는 "나는 끝났다"가 아니라 "나는 훈련 중이다"로 해석되고, 성공은 "내가 대단하다"가 아니라 "은혜로 여기까지 왔다"로 해석되기 때문입니다. 자아존중감이 하나님 안에서 세워지면, 사건은 여전히 흔들려도 해석의 중심은 흔들리지 않습니다.

✏️ 실제 상담 사례 22: "사람들 앞에 서면 작아져요"

한 고등학생이 외모에 대한 강한 콤플렉스로 대인관계를 두려워하며 상담실을 찾았습니다. 발표나 모임이 있을 때마다 시선이 자신에게 쏠릴까 봐 불안했고, 사람들 앞에 서는 순간 마음이 급격히 위축되었습니다. 아이는 이렇게 말했습니다.

"저는 남들 앞에 서면 늘 작아져요."

성적이나 성격의 문제가 아니었습니다. 아이의 내면에는 이미 굳어진 해석이 있었습니다.

"나는 부족하다."

"나는 있는 그대로는 사랑받기 어렵다."

상담 과정에서 저는 이 아이에게 매일 한 문장을 써보도록 제안했습니다.

"나는 하나님의 걸작품이다."

처음 아이는 그 문장을 어색해하며 웃어넘겼습니다. 현실과 너무 동떨어진 말처럼 느껴졌기 때문입니다. 그러나 매일 같은 문장을 반복해서 쓰고, 소리 내어 읽으며 몇 주가 지나자 아이의 표정이 조금씩 달라지기 시작했습니다. 어느 날 아이는 이렇게 말했습니다.

"이 말이… 조금 믿어지기 시작했어요."

아이의 자아존중감이 세워진 것은 칭찬을 더 받아서가 아니었습니다. 사람의 말이 아니라, 하나님의 말씀이 아이의 뒤틀린 해석의 틀을 바로잡기 시작했습니다. 하나님의 눈으로 자신을 보기 시작한 아이는 실패해도 자신을 미워하지 않았고, 성공해도 자신을 과대평가하지 않았습니다.

이 사례는 분명히 보여 줍니다.

자아존중감은 스스로를 설득해서 생기지 않습니다. 하나님의 선언을 받아들이는 만큼 세워집니다.

2) 하나님의 눈으로 '세상'을 본다는 것

하나님의 자녀로 자신을 보는 눈이 열리면, 이제 세상을 해석하는 눈도 달라집니다. 세상은 경쟁의 장이 아니라 사명의 자리가 되고, 사람은 적이 아니라 사랑의 대상이 되며, 실패는 낙오가 아니라 성장의 과정이 됩니다. 여기서 매우 중요한 전환이 있습니다. 자아존중감이 낮은 아이는 세상을 이렇게 봅니다.

- 사람은 나를 평가하는 존재

- 세상은 내가 증명해야 하는 무대

- 실패는 곧 퇴장 신호

반면 하나님 안에서 자아존중감이 세워지면 세상은 이렇게 바뀝니다.

- 사람은 내가 사랑할 대상

- 세상은 내가 섬길 자리

- 실패는 내가 배울 과정

이 관점이 바뀌어야 아이가 진로를 대할 때도, 관계를 대할 때도, 신앙을 대할 때도 흔들리지 않습니다. 자아존중감은 결국 '나'만의 문제가 아니라, 세상을 대하는 방식 전체를 바꾸기 때문입니다. 아이에게 모든 것을 대신해 주는 것이 사랑이 아니라, 아이가 자기 인생을 살아가도록 지켜봐 주는 것이 진짜 사랑입니다. 과잉 개입은 아이에게 이렇게 말하는 것과 같다.

"너는 혼자서는 아무것도 못 한다."

반대로 하나님의 눈으로 세상을 보도록 도와주는 부모는 아이에게 이렇게 말합니다.

"너는 하나님과 함께라면 충분히 해낼 수 있다."

자아존중감이 세워진 아이에게 필요한 것은 '더 많은 통제'가 아니라 '더 많은 신뢰'입니다. 신뢰는 방임이 아니라, 곁에 서서 지켜봐 주는 동행입니다. 아이가 선택하도록 두되, 선택의 결과까지 함께 해석해 주는 어른이 있을 때 아이의 자아존중감은 오히려 더 단단해집니다.

3) 자아존중감을 무너뜨리는 하나의 적, '풍요병'

요즘 아이들은 부족해서 무너지는 것이 아니라, 오히려 '너무 많아서' 무너집니다.

너무 많은 장난감, 너무 많은 학원, 너무 많은 정보, 너무 많은 기대. 풍요 그 자체가 문제는 아닙니다. 문제는 풍요가 감사로 연결되지 않을 때, 그리고 풍요가 '선물'이 아니라 '권리'로 해석될 때 시작됩니다. 풍요병 속에서 자란 아이는 노력하지 않아도 많은 것을 얻는 경험에 익숙해지면서, 자신의 존재를 선물로 여기기보다 당연히 채워져야 할 대상으로 인식하게 됩니다. 그 결과 자아존중감은 높아지는 것이 아니라, 외부 자극이 줄어들수록 오히려 더 쉽게 흔들립니다.

왜냐하면 자아존중감의 뿌리가 "나는 사랑받는 존재다"가 아니라 "나는 계속 채워져야 괜찮다"로 옮겨가기 때문입니다. 이 구조 안에서 아이는 끊임없이 더 많은 자극을 요구하게 됩니다. 채움이 멈추면 불안해지고, 불안해지면 더 강한 자극을 찾게 됩니다. 그러나 그 자극도 오래가지 못하고, 아이의 마음에는 점점 무기력과 공허함이 자리 잡게 됩니다.

그래서 풍요한 환경 속에서 자란 아이가 오히려 이렇게 말하기도 합니다.

"재미있는 게 없어요."

"해 보고 싶은 게 없어요."

풍요가 많을수록 오히려 기쁨의 역치가 높아져, 웬만한 경험으로는 만족하지 못하고 감각이 둔해지기도 합니다. 이때 아이의 문제는 감사가 부족해서가 아니라, 존재가 채움에 의해 유지되고 있다고 느끼는 구조에 있습니다. 자아존중감은 얼마나 많이 가졌느냐로 자라지 않습니다.

자아존중감은 지금 내가 가진 것과 관계 속에서, 내가 여전히 소중한 존재라는 확신 속에서 자랍니다.

풍요는 자녀에게 복이 될 수 있지만, 감사로 해석되지 못한 풍요는 도리어 아이의 내면을 무너뜨릴 수도 있습니다. 그래서 부모의 역할은 더 많이 제공하는 사람이 아니라, 아이에게 이렇게 해석해 줄 수 있는 사람입니다.

"너는 채워져서 괜찮은 아이가 아니라, 지금 그대로도 충분히 소중한 존재야."

이 해석이 회복될 때, 풍요는 아이를 무너뜨리는 짐이 아니라 감사로 누릴 수 있는 선물이 됩니다.

✏ 실제 상담 사례 23: "아무 것도 재미없어요"

한 아이가 상담 중 무기력한 표정으로 이렇게 말했습니다.

"나는 아무것도 재미없어요."

부모는 당황했습니다. 아이에게 부족한 것은 없어 보였기 때문입니다. 필요한 것은 즉시 제공되었고, 원하는 활동은 대부분 경험할 수 있었습니다. 학습 환경도, 놀이 환경도 충분했습니다. 그러나 아이의 일상을 따라가 보니, 한 가지 공통점이 분명히 드러났습니다. 아이에게는 기다려 본 경험, 스스로 애써 본 경험, 얻은 것에 감사해 본 경험이 거의 없었습니다. 모든 것이 빠르게 주어졌고, 좌절을 통과할 필요도 없었습니다. 그 결과 아이의 내면에는 이런 구조가 자리 잡았습니다.

"노력하지 않아도 얻는다."

"얻어도 기쁘지 않다."

이 아이에게 풍요는 감사로 이어지지 못했고, 풍요는 곧 무기력과 공허로 변해 있었습니다. 자아존중감은 채워진 것이 아니라, 외부 자극이 사라질수록 더 쉽게 흔들리는 상태가 되어 있었습니다.

이 사례는 분명히 보여 줍니다.

풍요는 자아존중감을 자동으로 키우지 않습니다. 감사로 연결되지 않은 풍요는 오히려 아이의 내면을 비워냅니다. 자아존중감은 많이 가졌기 때문에 생기는 것이 아니라, 받은 것을 선물로 인식할 때 비로소 자라납니다.

3. 건강한 자아존중감과 부모의 거울 역할

1) 건강한 자아존중감의 세 가지 기둥

① 존재의 존귀함

"나는 하나님의 형상이다."

② 관계 속의 안전함

"나는 버려지지 않는 존재다."

③ 시도할 수 있는 자유

"나는 실패해도 다시 도전할 수 있다."

이 세 기둥 중 하나라도 무너지면 자아존중감은 쉽게 흔들립니다. 존재의 존귀함이 무너지면, 아이는 늘 "나는 부족하다"로 결론냅니다. 관계 속 안전함이 무너지면, 아이는 실수할 때마다 "나는 버려질 수 있다"고 느낍니다. 시도할 수 있는 자유가 무너지면, 아이는 도전을 포기하고 안전한 자리만 고집합니다. 따라서 자아존중감을 세운다는 것은 칭찬을 많이 해 주는 것이 아니라, 이 세 기둥이 일상에서 경험되도록 관계의 환경을 정비하는 것입니다.

2) '잘 생겼다'와 '아름답다'.

'잘 생겼다'는 것은 비교의 단어가 되어 사용되고 있습니다. '잘 생겼다'의 반대말은 '못 생겼다'가 되었습니다. 그러나 '잘 생겼다'의 본래 의미는 '잘 태어났다'는 뜻입니다. 존재 자체가 귀하다는 것입니다. 그런데 어느 순간 외모를 비교하는 단어가 되어 버린 것입니다. 영어에서 '잘 생겼다'는 뜻의 'handsome'이 있습니다. 이 단어를 살펴보면 'hand'와 'some'의 결합으로 되어 있습니다. 하나님의 손으로 지어진 어떤 존재라는 뜻입니다. 하나님의 손에 올려진 어떤 존재라는 것입니다. 존재 자체만으로 존귀함을 의미하는 단어입니다. '아름답다'는 뜻은 순수한 우리말로 '나 답다'는 뜻입니다. 나다운 것이 가장 아름다운 것입니다. 비교의 대상이 될 수 없습니다.

이 부분은 자아존중감 교육에서 매우 중요한 지점을 건드립니다. 언어는 사고를 만들고, 사고는 해석을 만듭니다. 비교의 언어를 쓰면 비교의 세계가 열리고, 존재의 언어를 쓰면 존재의 세계가 열립니다. 아이에게 "너는 너라서 아름답다"는 메시지는 단지 감성 문장이 아니라, 비교를 끊고 정체성을 세우는 실제 도구가 됩니다.

3) 부모의 역할: 아이의 자아존중감의 '거울'이 되어주는 것

부모는 아이에게 자아존중감을 가르치는 교사이기보다 자아존중감을 비추는 거울입니다.

- 부모가 자신을 미워하면 → 아이도 자신을 미워한다.

- 부모가 자신을 용납하면 → 아이도 자신을 용납한다.

- 부모가 실패 앞에서 자신을 정죄하면 → 아이도 자신을 정죄한다.

- 부모가 실패 앞에서도 자신을 붙들면 → 아이도 자신을 붙든다.

부모가 자신을 존중하지 않으면서 아이에게 자존감을 가지라고 말하는 것은 씨앗 없이 열매를 기대하는 것과 같습니다. 여기서 "부모가 완벽해야 한다"는 말이 아닙니다. 오히려 거울 역할의 핵심은 완벽이 아니라 정직한 회복입니다. 실수했을 때 "미안하다"라고 말할 수 있는 어른, 감정이 흔들렸을 때 다시 정리하고 돌아오는 어른을 보면서 아이는 이렇게 배웁니다.

"사람은 흔들릴 수 있지만, 다시 제자리로 돌아올 수 있다."

이 경험이 자아존중감을 깊이 세웁니다.

4) 자아존중감을 키우는 실제적인 방법

① 비교하지 말고, 고유성을 인정하라

"너는 너로 충분하다."

비교를 끊는 것이 자아존중감의 첫 번째 토대입니다. 비교는 아이를 움직일 수는 있어도, 아이를 살리지 못합니다. 고유성을 인정받는 아이는 "나는 나대로 살아도 된다"는 힘을 얻습니다.

② 결과보다 존재를 먼저 인정하라

"그래도 너는 소중해."

이 한 문장은 아이에게 '관계의 안전'을 줍니다. 관계가 안전하면 아이는 실패를 숨기지 않고 가져옵니다. 실패를 가져오면 해석이 가능해지고, 해석이 가능하면 성장이 시작됩니다.

③ 실수를 인격과 분리하라

"네가 잘못한 것이지, 네가 잘못된 것은 아니다."

이 문장은 자아존중감 회복의 핵심 언어입니다. 실수는 수정할 수 있지만, "나는 잘못된 사람"이라는 결론은 아이를 무너뜨립니다. 행동과 존재를 분리해 주는 언어가 반복될수록 아이는 실수 앞에서 자기를 미워하지 않게 됩니다.

④ 감사 훈련을 일상화하라

감사는 자존감을 가장 건강하게 키우는 훈련입니다. 감사는 비교를 멈추게 하고, 비교가 멈추면 자아존중감이 안정됩니다. 감사는 "가진 것이 많아서"가 아니라 "받은 것을 선물로 보는 눈"에서 시작됩니다. 감사가 자라면 풍요병도 줄어들고, 무기력도 약해집니다.

4. 부모 실천 체크리스트 & 소그룹 나눔 질문

✏️ 부모 실천 체크리스트 (자아존중감 양육 점검)

나는 아이의 가시적인 성취보다 존재 자체를 더 자주 긍정
해주고 있는가? ☐

나는 아이를 타인의 기준이 아니라 하나님의 기준으로 평
가하는가? ☐

나는 아이를 통제하기보다 신뢰하는 태도를 가지고 있는가? ☐

우리 가정에는 실수해도 안전한 언어가 존재하는가? ☐

나는 지금도 나 자신의 자아존중감을 하나님 앞에서 점검
하고 있는가? ☐

✏️ 소그룹 나눔 질문 (부모 모임용)

나의 자아존중감은 지금 무엇 위에 세워져 있습니까? ☐

나는 자녀에게 자주 어떤 '평가의 언어'를 사용합니까? ☐

우리 가정의 자녀는 자신을 하나님의 자녀로 느끼고 있다
고 생각하십니까? ☐

풍요가 자녀의 자아존중감에 미친 영향은 무엇이었다고 보
십니까? ☐

오늘 말씀 중 가장 도전이 된 한 문장은 무엇입니까? ☐

제7장 맺음말

자아존중감은 "스스로를 과대평가하는 마음"이 아닙니다. 자아존중감은 "하나님이 나를 어떻게 보시는지를 믿는 마음"입니다. 자아존중감이 하나님에게서 나오면, 사람의 평가에 흔들리지 않는 인생이 됩니다. 아이의 자아존중감을 높이기 위해 더 많은 성취를 요구할 필요는 없습니다. 아이에게 필요한 것은 더 많은 하나님의 시선입니다.

제7장 요약: 자아존중감 – 하나님의 눈으로 나를 보고, 세상을 보다

- 자아존중감은 스스로를 높이는 마음이 아니라 하나님의 시선을 믿는 마음입니다.
- 하나님에게서 나온 자아존중감은 성적과 평가 앞에서도 흔들리지 않습니다.
- 부모는 자존감을 가르치는 사람이 아니라 삶으로 비추는 거울입니다.

제8장

능력

1. AI가 대체하지 못하는 능력의 본질

1) AI가 대체하지 못하는 능력이 있습니다

많은 분들이 묻습니다.

"AI 시대에 우리 아이는 무엇을 준비해야 합니까? 코딩입니까? 수학입니까? 인공지능입니까?"

기술은 중요합니다. 그러나 더 중요한 사실이 있습니다. 기술은 도구일 뿐, 인생을 이끄는 힘은 '사람의 내적 능력'입니다. AI는 계산은 대신해 주지만, 인생을 대신 살아주지 못합니다. 정보는 만들어 줄 수 있어도, 삶의 가치와 의미까지 만들어 주지는 못합니다. 빠른 답은 줄 수 있어도, "왜 살아야 하는가"라는 질문에는 대답하지 못합니다. 그래서 앞으로 사라질 직업보다 더 중요한 것은 사라지지 않을 '인간 고유의 능력'입니다.

특히 아이들은 지금, 이전 세대와 다른 방식으로 흔들립니다. 부모 세대는 "못 배워서" 두려웠다면, 아이들은 "배워도 소용없을까봐" 두려워합니다. 공부는 하는데 마음이 무기력하고, 성취는 있는데 불안이 커지고, 정보는 많은데 방향이 없습니다. 이때 필요한 것은 단순히 "기술을 더 배우는 것"이 아니라, 사람으로 서는 역량입니다. 이 장에서는 AI가 결코 대체할 수 없는 네 가지 핵심 능력을 다룹니다.

창조적 상상능력, 공감능력, 적응력, 협동력.

이 네 가지는 미래 사회의 생존 기술이자, 하나님 나라의 도구입니다. 그리고 이 네 가지는 "천재만 가진 특별한 재능"이 아니라, 가정 안에서 충분히 길러질 수 있는 능력입니다. 다만 중요한 순서가 있습니다. 기술보다 먼저, 성과보다 먼저, 정체성과 관계의 안전이 먼저 세워져야 합니다. 그래야 능력이 '칼'이 아니라 '도구'가 됩니다.

2) 능력의 출발점은 '은사'가 아니라 '정체성'입니다

세상은 능력을 이렇게 정의합니다.

"무엇을 잘하는가?"

"무엇을 성취했는가?"

그러나 성경은 능력을 이렇게 정의합니다.

"네가 누구인가?"

"너를 누가 부르셨는가?"

하나님은 먼저 아이에게 능력 이전에 '정체성'을 주십니다.

하나님의 형상

하나님의 자녀

하나님의 도구

능력을 하나님 없이 키우면 타인을 해치는 '무기'가 되지만, 하나님 안에서 키우면 세상을 살리는 '사명'이 됩니다. 능력을 잘못 키우면 아이의 재능이 그의 인생을 해치는 칼이 되지만, 능력을 하나님 안에서 키우면 그 재능은 세상을 살리는 도구가 됩니다. 이 차이는 생각보다 현실적입니다. 능력이 강한데 정체성이 약하면 아이는 쉽게 두 방향으로 무너집니다. 교만으로 무너집니다. "나는 남보다 낫다"는 확신이 관계를 깨뜨립니다. 불안으로 무너집니다. "이 능력을 잃으면 나는 끝이다"라는 두려움이 삶을 쥐어짭니다. 반대로 정체성이 단단하면 능력이 커져도 흔들리지 않습니다. 성공해도 "은혜"로 해석합니다. 그래서 겸손이 남습니다. 실패해도 "과정"으로 해석합니다. 그래서 다시 일어섭니다. 그러니 능력 교육의 핵심은 "우리 아이가 무엇을 잘하느냐"가 아니라, "우리 아이가 하나님 안에서 누구인가"를 분명히 붙들게 하는 데 있습니다. 능력은 그 다음에 자연스럽게 자리 잡습니다.

부모가 해야 할 일도 분명해집니다. 아이에게 더 많은 기술을 얹기 전에, 아이의 마음에 먼저 이런 문장을 심어 주는 것입니다.

"너는 성적 이전에 하나님의 자녀다."

"너는 결과로 평가받는 존재가 아니라, 사랑받는 존재다."

"너의 능력은 너를 드러내기 위한 것이 아니라, 누군가를 살리기 위한 선물이다."

이 문장이 아이 안에 살아 있으면, 능력은 성장해도 아이를 해치지 않습니다.

2. AI 시대 핵심 역량

1) 창조적 상상능력

AI가 흉내는 내지만, 탄생시키지는 못하는 힘

창조적 상상력은 무에서 유를 만들어 내는 능력만을 의미하지 않습니다. 창조적 상상력이란 없는 길을 보는 눈, 불가능 속에서 하나님의 가능성을 해석하는 힘입니다. 이 능력은 미래의 직업 세계에서 더욱 중요해집니다. AI가 많은 일을 해낼수록 인간은 "이미 있는 답을 찾는 일"보다 "새로운 질문을 만들고, 새로운 길을 해석하는 일"을 더 많이 해야 하기 때문입니다. AI는 빠르게 조합할 수는 있지만, 한 사람의 삶과 공동체의 필요를 깊이 읽어 "이 상황에서 왜 이것이 필요한가"를 붙들고 길을 여는 일은 결국 사람의 영역입니다.

성경은 창조적 상상능력이 믿음과 깊이 연결되어 있음을 보여 줍니다. 모세는 홍해 앞에서 길을 보지 못했으나 하나님은 새로운 길을 내셨습니다. 다윗은 돌 하나로 골리앗을 이길 길을 보았고, 사울은 갑옷으로만 전쟁을 보았습니다. 같은 현실을 보아도 누구는 절망을 보고, 누구는 사명을 봅니다.

이 차이를 만드는 힘이 바로 창조적 상상능력입니다. 여기서 중요한 포인트가 하나 있습니다. 상상력은 단지 머리로 떠올리는 "아이디어"가 아니라, 두려움에 눌리지 않고 시도할 수 있는 마음의 자유에서 나옵니다. 그래서 창조적 상상능력은 재능의 문제가 아니라, 정서적 환경의 문제일 때가 많습니다.

✏️ 실제 상담 사례 24: "정답이 없으면 무서워요"

한 아이가 상담 중 미술 수업 이야기를 꺼냈습니다. 그날 과제는 "마음대로 그려 보라"는 것이었지만, 아이는 종이 앞에서 한참을 움직이지 못했다고 했습니다. 손은 떨렸고, 연필을 들고도 아무 선도 긋지 못했습니다. 아이의 입에서 나온 말은 뜻밖이었습니다.

"정답이 없으면 무섭습니다."

이 아이는 오랫동안 정답을 찾는 훈련에는 익숙했지만, 스스로 의미를 만들어 내는 경험은 거의 해본 적이 없었습니다. 문제에는 언제나 하나의 답이 있었고, 평가 기준은 늘 명확했습니다. 그 환경 속에서 아이는 안전하게 맞히는 법은 배웠지만, 상상하며 시도하는 용기와 자유는 자라지 못했습니다.

그 결과 아이에게 '자유롭게 하라'는 말은 기회가 아니라 위협이 되었습니다. 실패할리 없는 안전한 길만 걸어왔기에 정답이 보이지 않는 상황에서는 한 걸음도 내딛지 못했던 것입니다. 이 아이에게 부족했던 것은 재능이 아니라, 없는 길을 상상해 본 경험이었습니다.

이 사례는 분명히 보여 줍니다.

창조적 상상능력은 특별한 재능이 아니라, 불확실함 속에서도 시도해도 괜찮다는 안정감에서 자라납니다. 같은 현실을 보아도 어떤 아이는 절망을 보고, 어떤 아이는 가능성을 봅니다. 그 차이를 만드는 힘이 바로 창조적 상상능력입니다.

창조적 상상능력을 키우는 부모의 태도

정답보다 과정을 묻습니다.

결과보다 시도를 격려합니다.

틀린 답을 실패가 아니라 실험으로 해석합니다.

여기에 실제 적용이 더 필요합니다. 집에서 이렇게 바꿔 보실 수 있습니다. "왜 이렇게 했어?" 대신 "어떻게 생각해서 이렇게 했어?"를 먼저 묻습니다. "틀렸잖아" 대신 "이건 실험이었네. 다음엔 뭘 바꿔볼까?"라고 말합니다. 아이가 새로운 시도를 할 때, 결과가 어설 퍼도 "시도한 용기"를 더 크게 인정합니다. 아이의 질문을 빨리 정 리해 주지 말고, 질문이 자라도록 기다려 줍니다. 창조적 상상능력 은 집에서 시작됩니다. 부모가 아이의 시도를 '평가'가 아니라 '탐 색'으로 받아 주면, 아이는 서서히 "정답 없는 길도 걸어도 된다"는 안정감을 얻습니다. 그 안정감이 곧 미래의 경쟁력입니다.

2) 공감능력

미래 사회에서 가장 값비싼 능력

AI는 정보를 계산할 수 있지만, 사람의 마음을 '함께 아파할' 수 는 없습니다. 그래서 미래 사회는 오히려 공감능력이 가장 희귀하 고 값비싼 능력이 됩니다. 기술이 발달할수록 역설적으로 "사람답 게 대하는 능력"의 가치는 더 올라갑니다.

예수님의 사역의 핵심도 기적이 아니라 공감이었습니다. 울고 있 는 자와 함께 우시고, 배고픈 자를 보시고 불쌍히 여기시고, 죄인을 향해 정죄보다 연민을 먼저 내미셨습니다. 예수님은 문제를 고치기 전에 마음을 보셨고, 해결을 주시기 전에 사람을 품으셨습니다. 공 감은 그 자체로 치유의 문이 됩니다.

아이의 공감능력은 말로 가르쳐서 생기지 않고, 공감 받아 본 경 험에서 생깁니다. 공감받아 본 아이는 타인의 아픔 앞에서 무너지지 않고, 오히려 그 아픔 속으로 조심스럽게 들어갈 줄 아는 사람이 됩니다.

공감능력이 부족한 아이가 꼭 차갑거나 이기적인 것은 아닙니다. 오히려 "어떻게 해야 할지 몰라서" 도망치는 경우가 많습니다. 감정을 나누는 법을 배운 적이 없고, 누군가의 아픔을 다루는 언어를 가진 적이 없기 때문입니다.

✏️ 실제 상담 사례 25: "저는 어떻게 위로해야 할지 모르겠어요"

중학생 한 아이가 상담 중 이렇게 말했습니다.

"친구가 힘들어하는데, 저는 어떻게 해야 할지 모르겠어요."

아이에게 냉정함이나 무관심은 없었습니다. 오히려 타인의 아픔 앞에서 멀어지는 자신이 이상하다고 느끼고 있었습니다. 그러나 막상 친구가 울거나 힘들어할 때, 아이는 말을 잃고 뒤로 물러났습니다. 상담을 통해 아이의 성장 경험을 따라가 보니 중요한 배경이 드러났습니다. 이 아이는 어릴 때부터 힘들어할 때마다 "그 정도는 참아", "괜찮아질 거야"라는 말을 들으며 자라왔습니다. 슬픔은 나누기보다, 빨리 넘겨야 할 감정으로 다루어졌던 것입니다.

그 결과 아이는 이렇게 배웠습니다.

"아픔은 혼자 견디는 것이다."

"감정은 다루지 말고 정리해야 한다."

이 아이에게 타인의 고통은 함께 들어가 볼 수 있는 공간이 아니라,

피해야 할 낯선 영역이었습니다. 공감은 의지가 아니라, 경험의 부재로 어려웠던 것입니다.

이 사례는 분명히 보여 줍니다.

공감능력은 설명으로 생기지 않습니다. 공감받아 본 경험이 있을 때 비로소 자랍니다.

울 때 곁에 있어 주는 어른을 만난 아이는, 자라서 타인의 눈물 앞에서도 도망치지 않습니다. 공감은 기술이 아니라, 함께 아파해 본 기억이 남긴 흔적입니다.

공감능력을 키우는 부모의 훈련

"그런 감정을 느낄 수 있겠구나."

"그 상황에서는 많이 힘들었겠다."

"엄마도 네 입장이었으면 그랬을 것 같아."

이 세 문장이 아이의 공감 회로를 키우는 가장 중요한 언어입니다. 여기에 몇 가지 실제 적용을 덧붙이면 좋습니다. 아이가 울거나 화낼 때 "왜 그래?"로 시작하지 않고, "지금 마음이 많이 힘들었구나"로 시작합니다. 문제 해결을 너무 빨리 제시하지 않고, 감정이 충분히 말로 표현되도록 기다립니다. 아이가 친구를 이해 못 하겠다고 말하면, "그럴 수도 있겠다"라고 함께 다양한 관점을 열어 줍니다. 가정에서 부모가 서로에게 공감하는 모습을 보여 주면, 아이는 공감을 '기술'이 아니라 '관계의 방식'으로 배웁니다. 공감은 말로 가르치기보다, 집 안의 공기가 가르칩니다.

3) 적응력

변화 앞에서 무너지지 않는 힘

미래 사회의 속도는 부모 세대가 상상하던 변화의 속도와는 비교할 수 없습니다.

한 직업의 생명 주기: 30년 → 5~10년

한 기술의 유효 기간: 수십 년 → 수년

이 시대에 가장 중요한 능력은 "무엇이 되느냐"가 아니라 "얼마나 빨리 다시 배울 수 있느냐"입니다. 적응력은 포기하는 능력이 아니라, 새로운 환경을 두려워하지 않고 다시 배우는 능력입니다. 변화를 두려워하는 사람은 결국 미래를 두려워하는 사람이 됩니다.

적응력은 크게 두 가지로 구성됩니다.

- 낯선 것을 견디는 힘: 불편함이 있어도 도망치지 않고 버티는 힘

- 다시 배우는 힘: 익숙한 방식을 내려놓고 새 방법을 배우는 힘

그런데 아이들이 변화 앞에서 무너질 때, 문제는 대개 "아이의 약함"이 아니라 "변화를 해석해 주는 어른의 부재"입니다. 변화는 위협이 아니라 과정인데, 아이는 그 과정을 혼자 감당해야 할 때 무너집니다.

한 아이가 전학 후 두 달이 지나도록 친구를 사귀지 못한 채 상담실을 찾았습니다. 새로운 학교, 새로운 분위기, 새로운 규칙 속에서 아이는 점점 위축되어 갔고, 집에 돌아오면 자주 울곤 했습니다. 아이는 이렇게 말했습니다.

"여기서는 제가 너무 이상한 것 같아요."

처음 몇 주 동안 아이는 변화 앞에서 무너진 것처럼 보였습니다. 익숙했던 관계와 환경을 잃은 상실감이 컸고, 모든 것이 낯설게 느껴졌습니다. 그러나 이 과정에서 부모의 반응은 이전과 달랐습니다. 부모는 아이를 다그치거나 재촉하지 않았습니다. 대신 이렇게 말해 주었습니다.

"지금은 낯설 뿐이야."

"너는 적응할 수 있는 아이야."

이 말은 상황을 부정하는 위로가 아니라, 아이의 능력을 신뢰하는 해석이었습니다. 아이는 곧바로 변하지 않았지만, 그 말이 마음에 남아 있었습니다. '나는 이 상황을 견디고 다시 배울 수 있는 사람'이라는 메시지가 아이 안에 조금씩 자리 잡기 시작했습니다.

시간이 지나 아이는 먼저 인사를 건네기 시작했고, 동아리 활동에 참여하며 관계의 문을 다시 열었습니다. 환경이 완전히 편해진 것은 아니었지만, 아이는 더 이상 변화 앞에서 멈춰 서 있지 않았습니다.

이 사례는 분명히 보여 줍니다.

적응력은 타고나는 성격이 아니라, 변화를 어떻게 해석해 주었는가에 따라 길러지는 힘입니다. 부모가 변화를 위협이 아니라 과정으로 해석해 줄 때, 아이는 미래 앞에서도 다시 배우며 나아갈 수 있습니다.

4) 협동력

혼자 잘하는 시대는 끝났다

과거에는 "혼자서도 잘하는 사람"이 인재였습니다. 그러나 미래는 "함께 일할 줄 아는 사람"이 인재입니다. 협동은 선택이 아니라 생존의 기술입니다.

협동력이란 다음을 포함합니다.

- 역할을 나누는 능력

- 갈등을 해결하는 능력

- 자신의 의견과 타인의 의견을 함께 존중하는 능력

혼자 1등 하는 아이보다 함께 2등을 만드는 아이가 미래에는 더 큰 사람이 됩니다. 왜냐하면 미래의 문제는 대부분 혼자 풀 수 없는 "복잡한 문제"이기 때문입니다. 기술이 발전할수록 오히려 인간은 팀으로 더 많은 것을 해내야 합니다.

협동력은 단지 "친절한 성격"이 아니라, 갈등을 다루는 능력이며 관계를 세우는 능력입니다.

한 중학생이 상담 중 이렇게 말했습니다.

"조별 과제가 제일 싫어요. 혼자 하면 더 잘할 수 있는데요."

이 아이는 성실했고, 개인 과제에서는 늘 좋은 결과를 냈습니다. 그러나 팀 활동이 시작되면 불편함과 짜증이 먼저 올라왔습니다. 다른 사람의 속도에 맞추는 것도, 의견이 다른 상황도 모두 비효율처럼 느껴졌습니다. 상담을 통해 아이의 경험을 따라가 보니, 아이는 어릴 때부터 혼자 잘하는 방식으로 인정받아 왔습니다. 빠르게 해결하고, 실수 없이 해내는 것이 칭찬의 기준이었습니다. 그 과정에서 아이는 이렇게 배웠습니다.

"함께하면 느려진다."

"혼자 해야 안전하다."

그 결과 협동은 배움의 기회가 아니라, 능력을 방해하는 요소로 인식되었습니다. 아이에게 문제는 협동을 못해서가 아니라, 협동의 가치를 경험해 본 적이 거의 없었다는 것이었습니다. 상담의 마지막에 아이는 이런 말을 했습니다.

"생각해 보니까… 같이 했을 때 더 재미있었던 순간도 있었던 것 같아요."

이 사례는 분명히 보여 줍니다.

협동력은 타고난 성격이 아니라, 함께 해도 관계와 결과가 무너지지 않는다는 경험 속에서 자랍니다. 미래 사회에서 중요한 것은 혼자 1등 하는 능력이 아니라, 함께 2등을 만들 수 있는 힘입니다.

3. 능력을 키우는 부모의 자세와 훈련법

1) 능력을 키우는 데 있어 가장 큰 착각

많은 분들이 가장 많이 하는 착각은 이것입니다.

"이 능력은 타고나는 것이다."

그러나 성경의 관점은 다릅니다.

다윗은 처음부터 **용사**가 아니었습니다.

요셉은 처음부터 **총리**가 아니었습니다.

베드로는 처음부터 **지도자**가 아니었습니다.

능력은 '발견'이 아니라 '형성'의 산물입니다. 능력은 재능 + 훈련 + 실패 + 인내 + 방향. 이 다섯 요소가 오래 쌓일 때 형성됩니다. 여기서 "방향"이 중요합니다. 방향이 없는 능력은 때로 아이를 더 위험하게 만듭니다. 반대로 방향이 분명하면 능력은 조금 느리게 자라도 결국 깊어집니다. 그래서 부모는 아이의 능력을 키우되, 늘 다음 질문을 함께 붙들어야 합니다.

"이 능력은 누구를 살리는 데 쓰일 수 있을까?"

"이 능력이 커질수록 아이의 마음은 더 겸손해지고 있는가?"

"이 능력이 아이를 하나님께 더 가까이 가게 하는가?"

능력은 크기보다 용도가 더 중요합니다.

2) 부모의 역할: 능력을 '앞당기는 사람'이 아니라 '기다려 주는 사람'

부모는 종종 이렇게 조급해집니다.

"남들보다 뒤처질까 봐"

"우리 아이만 늦을까 봐"

그러나 조급함은 아이의 능력을 키우지 못하고 아이의 안쪽을 먼저 부수는 경우가 훨씬 많습니다. 능력은 빨리 자란다고 좋은 것이 아니라, 오래 버틸 수 있어야 진짜 능력이 됩니다. 아이의 능력을 앞당기려는 조급함이 어떤 결과를 만들까요?

아이는 "나는 충분하지 않다"는 메시지를 먼저 배웁니다.

아이는 능력을 '즐김'이 아니라 '압박'으로 경험합니다.

아이는 실패를 학습이 아니라 수치로 해석합니다.

아이는 결국 시도 자체를 줄이게 됩니다.

그래서 기다려 주는 부모는 아이를 느리게 만드는 사람이 아니라, 아이를 오래 가게 만드는 사람입니다. 기다림은 방임이 아니라 지지하는 인내입니다.

아이의 속도를 존중하되, 방향을 잃지 않도록 곁에서 해석해 주는 인내입니다.

3) 능력을 키우는 실제적인 과정 훈련법

① 문제를 대신 해결해 주지 마라 → 사고력이 죽습니다

아이에게 질문이 생겼을 때 답을 바로 주면, 아이의 뇌는 "생각할 이유"를 잃습니다. 대신 이렇게 바꿔보실 수 있습니다.

"너는 어떻게 생각하니?"

"가능한 방법이 뭐가 있을까?"

"그중 하나를 골라 해보면 어떤 일이 생길까?"

② 너무 빨리 개입하지 마라 → 적응력이 죽습니다

아이가 낯선 상황에서 힘들어할 때, 부모가 바로 길을 열어주면 아이는 "나는 못한다"는 결론을 더 빨리 붙들게 됩니다. 대신 이렇게 해석해 주십시오.

"지금은 낯설어서 그런 거야."

"조금만 더 지나면 익숙해질 거야."

"필요하면 도움 요청해도 괜찮아."

③ 갈등을 너무 빨리 중재하지 마라 → 협동력이 죽습니다

갈등이 생기면 부모가 즉시 정리해 버리기 쉽습니다. 그러나 아이가 배워야 하는 것은 "갈등이 없어야 한다"가 아니라 "갈등이 있어도 회복할 수 있다"입니다.

“너는 무엇이 불편했니?”

“상대는 왜 그렇게 했을까?”

“너라면 어떻게 말하면 좋겠니?”

④ 실패를 지나치게 두려워하지 마라 → 도전력이 죽습니다

실패를 막아주는 부모 밑에서 아이는 안전해 보이지만, 실제로는 도전의 근육이 자라지 않습니다. 실패는 제거할 위험이 아니라, 관리할 과정입니다.

“이번 실패에서 배운 게 뭐였니?”

“다음에는 한 가지만 바꾸면 뭐가 좋을까?”

“힘들었겠다. 그래도 다시 해보자.”

이 네 가지는 결국 하나로 모입니다. 부모가 아이의 삶을 ‘관리’하는 사람이 아니라, 아이가 삶을 ‘해석’하도록 돕는 사람이 될 때 능력은 자랍니다.

4. 부모 실천 체크리스트 & 소그룹 나눔 질문

✏️ 부모 실천 체크리스트 (능력 양육 점검)

나는 아이의 능력을 속도 위주로 재촉하고 있는가? ☐

나는 아이의 실패를 훈련으로 해석해 주고 있는가? ☐

나는 아이에게 지나치게 해답부터 주고 있지는 않은가? ☐

우리 가정에는 함께 일하는 경험이 충분한가? ☐

나는 아이의 능력을 하나님의 사명과 연결해서 이야기하고 있는가? ☐

✏️ 소그룹 나눔 질문 (부모 모임용)

나는 지금까지 자녀의 어떤 능력에 가장 집착해 왔습니까? ☐

하나님의 관점에서 볼 때, 그 능력은 어떤 의미가 있습니까? ☐

우리 자녀에게 가장 시급히 길러 주어야 할 능력은 무엇이라고 느끼십니까? ☐

내가 그 능력을 방해해 왔던 부모의 태도는 무엇이었습니까? ☐

이번 달 내가 가장 먼저 바꾸고 싶은 양육 방식 한 가지는 무엇입니까? ☐

능력은 아이를 사람 위에 세우기 위해 주신 것이 아니라, 사람을 섬기게 하기 위해 주신 것입니다. 능력이 커질수록 더 겸손해 제대로 쓰여야 하고, 더 넓어질수록 더 낮아져 제대로 섬겨야 합니다. 아이의 능력은 그 아이를 빛나게 하기 위한 것이 아니라, 세상을 밝히게 하기 위한 하나님의 선물입니다.

제8장 요약: 능력 – AI 시대, 하나님이 요구하시는 진짜 역량

- 능력은 아이를 돋보이게 하기 위한 것이 아니라 섬기기 위해 주어진 선물입니다.
- AI 시대의 핵심 역량은 창조, 공감, 적응, 협동입니다.
- 능력은 속도가 아니라 방향 속에서 자랍니다.

제9장

영어

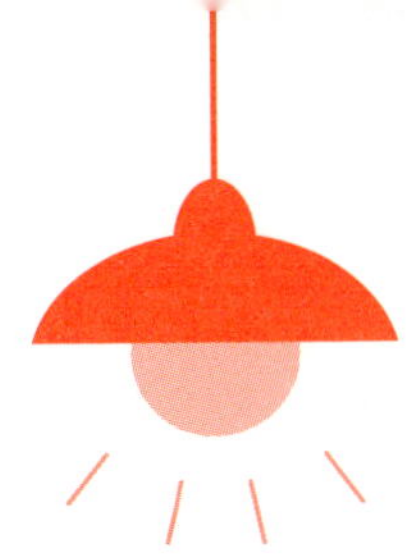

— 도구인가, 또 하나의 우상인가? 하나님 나라를 위한 '언어의 준비'

1. AI 시대 영어가 여전히 중요한 이유

1) 왜 AI 시대에 '영어'가 여전히 중요한가?

많은 분들이 이렇게 묻습니다.

"번역기가 다 해결해 주는데 영어를 그렇게까지 해야 하나요?"

"AI가 다 해 주는데 굳이 영어가 필요합니까?"

분명한 사실이 있습니다. 번역은 기계가 해 줄 수 있지만, '관계'
는 기계가 대신 맺어 주지 못합니다. AI는 문장을 옮겨 줄 수는 있
어도, 마음의 뉘앙스는 옮겨 주지 못하고, 문화의 맥락은 해석하지
못하며, 신뢰의 관계는 대신 만들어 주지 못합니다. 결국 미래는 '정
보를 아는 사람'의 시대가 아니라, 정보를 연결해 소통하는 사람의
시대입니다.

조금 더 현실적으로 말씀드리면, AI 시대 영어의 가치는 "영어를 잘한다"는 기술 자체에만 있지 않습니다. 영어는 앞으로 더 분명하게 세 가지 역할을 하게 됩니다.

- **접근성(Access)의 언어**: 세계의 지식, 네트워크, 기회를 '접속'하는 언어

- **신뢰(Trust)의 언어**: 실제 사람과 사람 사이의 신뢰를 형성하는 언어

- **사명(Mission)의 언어**: 복음을 포함해 삶의 의미를 '전달'하는 언어

AI가 번역을 해 주어도, 그 번역은 대개 "단어"를 옮깁니다. 하지만 인간의 관계는 단어만으로 형성되지 않습니다. 관계는 톤, 태도, 맥락, 타이밍, 유머, 존중, 배려 같은 것들이 쌓여서 만들어집니다. 이것은 기계가 대신해 줄 수 없는 영역입니다.

예를 들어 같은 문장이라도 실제 대화에서는 이렇게 다르게 들립니다. "괜찮아요"는 상황에 따라 위로일 수도 있고, 단절일 수도 있습니다. "괜찮으세요?"는 관심일 수도 있고, 형식일 수도 있습니다. 영어도 같습니다. 단순 번역은 가능해도, "그 말이 지금 이 관계에서 어떤 의미로 들릴지"를 판단하는 것은 결국 사람입니다. 그래서 영어는 단순히 "문법"이 아니라, 관계를 다루는 언어입니다. 그리고 더 중요한 점이 있습니다. 지금 아이들에게 영어는 단지 '외국어'가 아니라, 자기 정체성과 연결되는 문제로 바뀌고 있습니다.

영어를 잘하면 "나는 글로벌한 사람"이라고 느끼고, 영어가 약하면 "나는 세계에 나갈 수 없는 사람"이라고 해석하는 경우가 많습니다. 그래서 영어는 기술이면서 동시에, 아이의 자존감과 연결된 정서적 주제가 되었습니다.

이럴 때 부모가 붙들어야 할 원칙은 분명합니다. 영어는 아이의 가치를 결정하는 기준이 아니라, 아이의 삶의 반경을 넓혀 주는 도구여야 합니다.

2) 영어는 단순한 입시 과목이 아니라, '관계의 언어'입니다

영어를 "입시 과목"으로만 대하면, 영어는 아이에게 늘 불안의 언어가 됩니다. 틀릴까 봐 두렵고, 비교당할까 봐 숨고, 평가당할까 봐 말하지 않습니다. 그러면 영어는 실력도 늘지 않지만, 더 심각한 문제가 생깁니다. 아이는 영어를 통해 "내가 부족하다"는 감각을 반복적으로 학습하게 됩니다.

반대로 영어를 "관계의 언어"로 놓으면, 영어는 아이에게 연결의 언어가 됩니다. 내 세계가 넓어지고, 사람을 만나고, 다른 문화와 생각을 이해하고, 하나님이 사랑하시는 세상을 더 크게 바라볼 수 있게 됩니다.

영어를 이렇게 정의할 수 있습니다.

- **입시 과목으로서의 영어**: 점수를 올리기 위한 언어
- **관계의 언어로서의 영어**: 세상을 만나고 섬기기 위한 언어

부모가 이 틀을 바꾸면, 아이의 태도가 먼저 바뀝니다. 같은 학원을 다녀도, 같은 교재를 풀어도, 아이가 영어를 대하는 마음의 방향이 달라집니다.

3) 성경은 이미 '세계 언어 시대'를 예언했습니다

오순절 사건(사도행전 2장)을 보면, 성령이 임하자 사람들은 각 나라의 언어로 복음을 듣게 됩니다. 이는 단순한 언어 기적이 아니라, 복음은 처음부터 '세계 언어'로 퍼지도록 설계되었다는 선언입니다. 하나님 나라의 확장은 특정 민족의 언어 안에 갇히지 않습니다.

또한 요한계시록 7장은 이렇게 말합니다.

"각 나라와 족속과 백성과 방언에서 아무도 능히 셀 수 없는 큰 무리가 나와"(계 7:9).

복음은 처음부터 국경을 넘어가도록 만들어진 메시지입니다. 영어는 지금 이 시대에서 그 국경을 넘는 가장 실용적인 통로입니다. 영어가 '거룩하다'는 뜻이 아닙니다. 다만 지금 시대에서 영어는 복음과 사랑이 이동할 수 있는 통로가 되기 쉽습니다.

여기서 중요한 균형이 필요합니다. 영어 자체가 목적이 아니라, 영어는 목적을 담는 그릇입니다. 그릇이 커지면 담을 수 있는 것도 많아지지만, 그릇이 목적이 되면 결국 비어 있게 됩니다.

2. 영어의 세 가지 의미

1) 영어의 세 가지 의미 (도구, 터전, 사명)

① 도구로서의 영어

영어는 하나님 나라를 세우기 위한 도구(tool)입니다. 도구는 목적이 아니라 수단입니다. 도구가 목적이 되면 그때부터 영어는 우상이 됩니다.

도구가 우상이 되는 순간에는 몇 가지 특징이 나타납니다.

영어가 "가능성"이 아니라 "판결"이 됩니다.

영어 성적이 "현실"이 아니라 "존재 가치"가 됩니다.

영어가 "배움"이 아니라 "두려움"이 됩니다.

아이에게 영어는 "말을 배우는 기쁨"이 아니라, "안전이 걸린 시험대"가 되어 버립니다. 이때 영어 실력은 오히려 더디게 자라며, 아이의 마음은 먼저 지칩니다. 영어를 도구로 유지하려면, 부모의 언어가 달라져야 합니다.

"영어는 네 인생의 전부가 아니야."

"영어는 네 길을 넓혀 주는 도구야."

"영어로 너의 가치를 증명할 필요는 없어."

이 문장들은 영어를 가볍게 만들자는 뜻이 아닙니다. 영어를 제자리로 돌려놓자는 뜻입니다.

② 삶의 터전으로서의 영어

영어는 단지 시험을 위한 기술이 아니라 아이의 삶의 반경을 넓혀 주는 기회가 됩니다. 유학이 아니라 해도, 국내에만 있어도, 온라인 세계는 이미 글로벌입니다. 영어는 아이가 세상 앞에 서는 무대의 크기를 넓혀 줍니다. 이 말은 "영어 못하면 무대가 없다"는 뜻이 아닙니다. 그러나 현실적으로 영어를 통해 아이가 다음과 같은 경험을 얻을 수는 있습니다.

- 더 넓은 정보에 접근하는 경험
- 다양한 문화와 관점을 만나는 경험
- 세계의 친구들과 프로젝트를 하는 경험
- 신앙적으로는, 더 다양한 사역과 선교 콘텐츠에 접근하는 경험

이것이 바로 "삶의 터전"으로서의 영어입니다. 영어가 있으면 해외에 나가서만 쓰는 것이 아니라, 이미 삶 속에서 "영향력의 반경"이 넓어집니다. 그런데 이때도 균형이 필요합니다. 삶의 반경이 넓어질수록 아이는 더 쉽게 비교에 노출될 수 있습니다. 그래서 영어는 확장의 도구이지만, 동시에 아이의 정체성을 더 단단히 붙들어야 하는 영역이기도 합니다.

③ 사명으로서의 영어

어떤 아이에게 영어는 하나님이 맡기신 선교의 통로가 되기도 합니다. 영어 잘하는 아이 하나보다, 영어로 사람을 살리는 아이 하

나가 더 중요합니다. 사명으로서의 영어는 이렇게 정의할 수 있습니다. 영어로 "내가 빛나는 것"이 아니라 영어로 "누군가가 살아나는 것."

이 관점이 들어오면 영어 공부의 태도가 달라집니다. 성적이 목적이 아니니, 실수를 두려워할 이유가 줄어듭니다. 사용이 목적이 되니, 말하려는 용기가 자랍니다.

무엇보다 영어가 "내 가치를 증명하는 도구"가 아니라 "사랑을 전달하는 통로"가 됩니다.

2) 영어를 우상으로 만들 때 나타나는 열매

영어가 도구가 아니라 우상이 될 때, 가정에는 반드시 다음과 같은 증상이 나타납니다.

아이는 영어를 사랑이 아니라 압박으로 기억합니다.

영어 성적이 아이의 존재 가치를 평가하는 척도가 됩니다.

영어 앞에서 기쁨이 아니라 불안이 먼저 나옵니다.

영어를 잘해도 불안하고, 못하면 더 불안해집니다.

그때 영어는 이미 교육이 아니라 정서적 학대의 도구가 됩니다. 특히 '잘해도 불안한 상태'가 가장 위험합니다.

아이가 성취를 해도 마음이 쉬지 못합니다. 다음 시험이 두렵고, 다음 비교가 두렵고, 떨어질까 봐 두렵습니다. 영어가 이미 마음을 지배하고 있기 때문입니다.

한 초등학생이 상담 중 이렇게 말했습니다.

"영어학원 가는 날만 되면 배가 아파요."

병원 검사를 받아 보았지만 신체적인 이상은 발견되지 않았습니다. 그러나 아이의 몸은 영어 이야기가 나오는 순간 먼저 반응하고 있었습니다. 학원에 가기 전에는 얼굴이 굳어졌고, 숙제를 할 때는 손에 땀이 찼습니다.

상담을 통해 가정의 분위기를 함께 살펴보자, 영어는 단순한 학습 과목이 아니었습니다. 집 안에서 영어 성적은 자주 언급되었고, 잘했을 때는 안도했지만 못했을 때는 실망이 바로 드러났습니다. 아이는 자연스럽게 이렇게 받아들이게 되었습니다.

"영어를 잘해야 괜찮은 아이다."

"영어에서 실패하면 실망시키는 아이다."

그 결과 영어는 소통의 도구가 아니라, 사랑과 안전이 걸린 시험대가 되었습니다. 잘해도 불안했고, 못하면 더 불안했습니다. 아이의 복통은 공부가 힘들어서가 아니라, 정서적 공포가 몸으로 표현된 신호였습니다.

이 아이에게 문제는 영어 자체가 아니었습니다. 문제는 영어를 대하는 가정의 정서적 분위기였습니다. 영어가 도구가 아니라 우상이 되는 순간, 교육은 기쁨을 잃고 아이의 마음은 먼저 무너지기 시작합니다.

이 사례는 분명히 보여 줍니다.

영어는 아이를 살리는 도구가 될 수도 있고, 아이를 짓누르는 기준이 될 수도 있습니다.

그 차이를 만드는 것은 성적이 아니라, 부모가 영어에 부여한 의미입니다.

3) 영어를 '사명'으로 바꾸면 아이의 태도가 바뀝니다

영어를 사명으로 해석해 주면 아이의 태도는 완전히 달라집니다.

"너 영어 잘해야 해."

→ "하나님이 너를 통해 더 많은 사람을 만나고 싶어 하시는 것 같아."

목적이 바뀌면 노력의 질도 바뀝니다. 압박에서 나온 노력은 오래가지 못하지만, 사명에서 나온 노력은 지속됩니다.

또 하나 달라지는 것이 있습니다.

압박은 실패를 두려워하게 만들지만, 사명은 실패를 과정으로 해석하게 합니다.

부모가 이렇게 말해 주시면 좋습니다.

"영어는 네 존재가치를 증명하는 게 아니야."

"영어는 네가 더 많은 사람을 사랑할 수 있게 해 주는 도구야."

"틀려도 괜찮아. 사용하는 것이 목적이야."

3. 신앙 기반 영어 교육과 부모의 역할

1) 영어 학습에서 가장 중요한 세 가지 원리

① '조기'보다 중요한 것은 '정서 안정'

불안 속에서 배우는 영어는 실력이 아니라 두려움만 축적합니다. 많은 가정이 "빨리 시작하면 유리하다"는 말에 매여 있습니다. 그러나 더 중요한 질문이 있습니다.

"우리 집은 영어를 말해도 안전한가?"

"틀려도 괜찮다는 분위기가 있는가?"

정서적 안정이 없는 조기교육은 빠르게 시작했을지 몰라도, 아이의 마음에는 오래 남는 "공포의 기억"을 남길 수 있습니다. 반대로 조금 늦게 시작해도 안전한 분위기에서 시작하면 아이는 꾸준히 성장합니다.

정서 안정은 이렇게 드러납니다. 아이가 틀렸을 때 얼굴이 굳지 않습니다. 틀려도 다시 말할 수 있습니다. "실수해도 괜찮다"는 확신이 있습니다. 이 안정감이 영어 실력을 키웁니다.

② '선행'보다 중요한 것은 '지속'

3년 선행보다 10년 꾸준함이 훨씬 더 강력합니다. 영어는 단거리 과목이 아니라 장거리 언어입니다. "한 번에 크게"가 아니라 "매일 조금씩"이 결국 큰 차이를 만듭니다. 특히 언어는 누적입니다. 하루를 빼면 실력이 즉시 떨어지는 것은 아니지만, 마음의 습관이 끊어집니다. 그래서 가정에서의 영어는 거창할 필요가 없습니다.

중요한 것은 '지속 가능한 작음'입니다.

하루 10분 영어 듣기

하루 5문장 말하기

하루 1문장 감사 영어

이렇게 작게 시작하되, 끊기지 않게 만드는 것이 핵심입니다.

③ '완벽'보다 중요한 것은 '사용'

틀려도 말하게 해야 실력이 늡니다. 침묵은 절대 실력을 키워 주지 않습니다. 완벽주의가 영어를 가장 많이 죽입니다.

영어를 잘하고 싶은 마음이 오히려 "말하지 못하는 마음"으로 바뀝니다.

'틀릴까 봐' → '말하지 않음' → '늘지 않음' → '더 두려움' 이 악순환이 만들어집니다.

부모가 해야 할 일은 아이에게 완벽한 문장을 요구하는 것이 아니라, 입을 열 수 있는 안정감을 주는 것입니다.

"틀려도 괜찮아. 전달되면 된 거야."

"지금은 연습 중이야."

"말한 게 더 중요해."

2) 영어를 잘하는 아이들의 공통된 환경

영어를 즐기며 사용하는 아이들의 가정을 보면 공통된 특징이 있습니다.

- 성적만 묻지 않습니다.

- 틀린 발음을 바로 비웃지 않습니다.

- 부모가 먼저 배우는 자세를 보입니다.

- 영어를 '시험'보다 '소통'으로 다룹니다.

부모가 영어 앞에서 불안해하면 아이는 영어 앞에서 더 크게 무너집니다. 반대로 부모가 영어를 "도구"로 담담하게 대하면 아이는 "부담"이 아니라 "사용"으로 접근하기 쉬워집니다. 그리고 결정적으로, 영어를 잘하는 아이는 영어 실력이 먼저가 아니라, 영어에 대한 정서 경험이 다릅니다.

영어를 해도 혼나지 않는다.

영어를 틀려도 관계가 깨지지 않는다.

영어는 압박이 아니라 기회다.

이 경험이 실력을 자라게 합니다.

3) 가정에서 실천할 수 있는 '신앙 기반 영어 교육'

① 매일 한 문장, '감사 영어'

"Thank you, God."

"I am grateful today."

여기서 중요한 것은 문장의 난이도가 아니라, "매일 입에 붙는 경험"입니다. 감사는 영어 실력만 키우지 않고, 아이의 정서도 안정시키는 훈련이 됩니다.

영어가 불안이 아니라 감사와 연결될 때, 영어의 이미지가 바뀝니다.

실천 팁을 드리면, 저녁 식사 후 "오늘 감사 한 가지"를 영어로 한 문장만 말해봅니다. 아이가 말이 막히면 단어 하나만이라도 말하게 돕습니다. 맞춤법이나 문법은 그 자리에서 정리하지 말고, 먼저 "말한 것"을 칭찬합니다.

② 찬양으로 배우는 영어

영어 찬양은 언어와 신앙을 동시에 키웁니다. 언어는 음악과 만나면 기억에 오래 남습니다. 특히 찬양은 단어의 암기가 아니라 "감정과 의미"를 함께 싣습니다.

그래서 영어 찬양은 영어를 '기술'이 아니라 '경험'으로 만들어 줍니다. 가정에서는 이렇게 가볍게 시작하시면 됩니다.

하루 한 곡, 한 구절만 따라 부르기

가사 중 마음에 남는 문장 한 줄을 말해보기

"이 문장이 무슨 뜻이야?"를 대화로 연결하기

③ 성경 구절 영어로 읽기

공관복음서(마태, 마가, 누가)부터 시작하면 충분합니다. 영어 성경을 읽는다고 해서 문법이 바로 늘지는 않을 수 있습니다. 하지만 영어는 "입에 붙는 경험"에서 자랍니다. 성경 구절은 반복이 가능하고, 의미가 분명하며, 삶의 방향을 함께 세워 줍니다.

처음에는 이렇게 하시면 좋습니다.

하루 한 절, 짧은 구절을 선택합니다.

뜻을 다 이해하려고 애쓰지 말고, 먼저 소리 내어 읽습니다.

익숙해지면 그 구절을 "기도"로 바꿔 말해 봅니다.

④ 상황극을 통해 매일 연습하기

다양한 상황을 생각하고 그 상황에 맞는 말을 연습하면 실제적 생활영어가 될 수 있습니다. 아이들이 영어를 못하는 가장 큰 이유 중 하나는, 영어가 "시험의 언어"로만 학습되었기 때문입니다. 실제 삶에서는 시험 문제가 아니라, 실제 상황에서 말을 꺼내야 합니다. 상황극은 영어를 즉시 "관계의 언어"로 바꿔 줍니다.

예를 들어,

"편의점에서 물 사기."

"친구에게 미안하다고 말하기."

"처음 만난 사람에게 인사하기."

"기도 부탁하기."

이런 장면을 짧게 연습하면, 영어가 생존 언어가 아니라 생활 언어가 됩니다.

4) 부모의 역할: '영어 코치'가 아니라 '정서적 안전지대'

부모는 아이의 영어 교사가 아닌 아이의 정서적 안전기지가 되어 주어야 합니다.

- 틀려도 괜찮은 공간
- 못해도 사랑받는 공간
- 성적과 무관하게 존중받는 공간

아이에게 가장 먼저 필요한 것은 영어 실력이 아니라 실패해도 괜찮다는 안정감입니다. 이 안정감이 있을 때, 아이는 영어 앞에서도 도망치지 않고 다시 시도합니다. 부모가 영어 코치가 되려 하면 자주 이런 일이 생깁니다.

교정이 많아집니다.

표정이 굳어집니다.

아이는 평가받는 느낌을 받습니다.

그러면 아이는 영어를 "말하는 언어"가 아니라 "검사받는 언어"로 받아들입니다. 영어는 언어인데, 아이에게는 판결이 되어버립니다. 부모가 할 수 있는 최고의 역할은 단순합니다. 틀려도 괜찮다고 말해 주는 것이 아니라, 틀려도 괜찮은 분위기를 실제로 만들어 주는 것입니다.

영어 학습 실패는 아이의 자존감에 치명적인 상처를 남길 수 있습니다.

"나는 언어 감각이 없어."

"나는 글로벌한 사람은 못 돼."

이 해석이 굳어지면 영어를 넘어서 인생 전반의 도전 회피 성향으로 이어집니다. 그러므로 부모는 아이에게 반드시 이렇게 해석해 주어야 합니다.

"지금은 어려운 단계일 뿐이야."

"너는 아직 배우는 중이야."

"실수는 너를 규정하지 않아."

그리고 가장 중요한 문장이 있습니다.

"영어는 너의 가치가 아니라, 너의 도구야."

4. 부모 실천 체크리스트 & 소그룹 나눔 질문

부모 실천 체크리스트 (영어 양육 점검)

나는 영어를 도구가 아니라 목표로 만들고 있지는 않은가? ☐

나는 아이의 영어 성적이 나의 체면이 되지는 않는가? ☐

나는 아이 앞에서 영어에 대해 불안과 한숨을 더 많이 표

현하는가? ☐

나는 아이에게 영어를 사명과 연결해서 설명해 주고 있는가? ☐

우리 가정은 영어 앞에서 정서적으로 안전한 공간인가?

✏️ 소그룹 나눔 질문 (부모 모임용)

나의 영어 경험은 상처였습니까, 기회였습니까? ☐

나는 자녀의 영어를 어떤 감정으로 대하고 있습니까? ☐

영어가 자녀의 자아존중감에 미친 영향은 무엇이었습니까? ☐

영어를 '하나님 나라의 도구'로 다시 해석한다면 무엇이 달라질까요? ☐

이번 달 우리 가정이 실천할 수 있는 작은 영어 신앙 훈련 한 가지는 무엇입니까? ☐

제9장 맺음말

영어는 아이를 세상 위에 세우기 위한 사다리가 아닙니다. 영어는 아이를 세상 속으로 보내기 위한 다리입니다. 영어를 잘하는 아이보다, 영어로 하나님을 드러낼 줄 아는 아이가 더 귀합니다. 영어는 결국 하나님이 사용하시는 또 하나의 '언어의 통로'일 뿐입니다. 도구는 주인을 대신할 수 없습니다. 영어는 아이의 주인이 아니라, 하나님의 뜻을 섬기는 도구가 되어야 합니다.

제9장 요약: 영어 – 도구인가, 또 하나의 우상인가

- 영어는 목적이 아니라 하나님 나라를 위한 소통의 도구입니다.

- 영어가 우상이 되면 불안이 남고, 사명이 되면 배움이 지속됩니다.

- 사명으로 해석된 영어는 아이를 세상으로 연결합니다.

제10장

문해력

— AI 시대, 읽는 힘이 곧 '존재의 힘' 입니다

— 정보를 넘어 '의미'를 읽는 아이가 미래를 이깁니다

1. 문해력을 바라보는 왜곡된 관점

1) 문해력을 '국어 성적'으로만 이해하고 있지는 않으십니까?

상담과 강의를 하다 보면, 참 자주 듣는 질문이 있습니다.

"AI가 정보를 다 찾아주는 시대인데, 우리 아이가 굳이 책을 많이 읽어야 할까요?"

이 질문 속에는 문해력에 대한 깊은 오해가 담겨 있습니다. 많은 분들이 마음속으로 이렇게 등식처럼 연결해 두셨습니다.

문해력 = 국어 성적

문해력 = 책을 많이 읽으면 해결된다

그런데 현장에서 아이들을 만나보면, 이 등식은 절반만 맞습니

다. 책을 많이 읽는 것 자체는 분명 도움이 됩니다. 하지만 그것만으로는 부족합니다. 이유는 간단합니다. 문해력은 '읽기 기술'이 아니라 '해석 능력'이기 때문입니다.

저는 문해력을 이렇게 말씀드리고 싶습니다. 문해력은 "글을 읽는 능력"을 넘어, 삶을 읽는 능력입니다. 그리고 AI 시대에 문해력은 성적보다, 기술보다, 스펙보다 더 중요한 '존재의 힘'이 됩니다. AI는 정보를 정리해 주고, 요약해 주고, 답을 제시해 줄 수 있습니다. 하지만 AI는 아이의 삶을 대신 살아 주지 못합니다. AI는 "정답"은 줄 수 있어도, "의미"는 만들어 주지 못합니다. 아이의 인생을 결정짓는 것은 "정답의 개수"가 아니라, 자기 삶을 어떤 의미로 해석하며 살아가느냐입니다. 그래서 문해력은 단지 국어 성적의 문제가 아니라, 아이가 성장하면서 만나게 될 모든 영역을 지탱하는 기초 체력입니다.

관계에서 상처를 받을 때, 그 일을 어떻게 해석하는가,

실패를 경험할 때, 그 사건을 어떤 이야기로 받아들이는가,

선택의 갈림길에서, 무엇이 중요한지 분별하는가,

말씀을 읽을 때, 그것이 내 삶과 어떻게 연결되는가,

이 모든 것이 문해력과 직결됩니다.

2) AI 시대 문해력은 왜 '존재의 힘'이 되는가?

AI 시대의 아이들은 지식이 부족해서 무너지는 경우가 많지 않습

니다. 오히려 반대입니다. 너무 많은 정보 때문에 길을 잃습니다. 유튜브, 숏폼, 뉴스, 커뮤니티, 학습 앱, 넘쳐나는 정보, 즉각적인 답, 빠른 요약. 하지만 그 속에서 "내 삶은 무엇인가"라는 질문은 점점 사라집니다. 정보가 많아질수록, 아이는 오히려 더 자주 혼란을 느낍니다. 왜냐하면 정보는 많아도, 의미의 기준이 없으면 방향을 잃기 때문입니다.

문해력은 바로 이때 아이를 붙드는 힘이 됩니다. 문해력이 있는 아이는 정보를 "그대로 삼키지" 않습니다. 정보를 읽되, 해석하고 분별하고 연결합니다.

- 이 정보는 사실인가, 과장인가?
- 이 말의 의도는 무엇인가?
- 이 글이 던지는 질문은 무엇인가?
- 이것이 나의 삶과 어떤 관계가 있는가?

이 질문을 할 수 있는 아이가 미래를 이깁니다. 정확히 말하면, 미래를 '이긴다'기보다 무너지지 않습니다. 그래서 문해력은 "입시 역량"이 아니라, 삶의 생존 역량입니다.

3) 문해력은 네 가지 모두를 포함합니다

문해력을 텍스트 독해로만 두면, 문해력의 절반을 놓치게 됩니다. AI 시대 문해력은 최소한 다음 네 가지로 다음 네 가지 영역으로 확장 되어야 합니다.

- **텍스트 문해력**: 글을 읽고 핵심을 파악하는 힘
- **정서 문해력**: 감정을 읽고 마음을 이해하는 힘
- **관계 문해력**: 상황을 해석하고 오해를 줄이는 힘
- **영적 문해력**: 말씀을 분별하고 삶에 연결하는 힘

이 네 문해력은 서로 분리된 것이 아닙니다. 현장에서는 늘 묶여서 나타납니다.

예를 들어 텍스트 문해력이 좋아 보이는 아이도, 정서 문해력이 약하면 글의 인물 감정을 오해하고, 관계 문해력이 약하면 친구 말의 의도를 과도하게 왜곡하고, 영적 문해력이 약하면 말씀을 읽어도 삶과 연결되지 않습니다.

반대로 정서가 안정되고 관계가 건강한 아이는 글을 읽을 때도 더 깊이 들어갑니다. 문해력의 뿌리는 머리만이 아니라 마음에도 있기 때문입니다. AI는 정답을 알려줄 수 있어도 의미를 해석해 줄 수는 없습니다.

"의미를 만드는 힘"은 하나님이 인간에게만 주신 고유 능력입니다. 그래서 문해력은 곧 존재의 힘이자 미래의 힘입니다.

✏️ 실제 상담 사례 28: "문제는 읽었는데, 무슨 말인지 모르겠어요"

중학생 한 아이가 상담실에서 이렇게 말했습니다.

"글은 다 읽었는데요… 무슨 말인지 잘 모르겠어요."

국어 성적이 특별히 낮은 아이는 아니었습니다. 문제도 끝까지 읽었

고 요약도 어느 정도 할 수 있었습니다. 그러나 서술형 문제나 자신의 생각을 묻는 질문 앞에서는 늘 막혔습니다. 아이는 답을 찾으려 애썼지만 무엇을 말해야 할지 알 수 없다고 느꼈습니다.

상담을 통해 아이의 학습 경험을 따라가 보니 문해력은 오랫동안 정답을 찾는 기술로만 다루어져 왔습니다. 글을 읽고 정해진 답을 고르는 훈련은 충분했지만 그 글이 자기 삶과 어떤 관계가 있는지를 묻는 질문은 거의 받아본 적이 없었습니다. 그 결과 아이에게 읽기는 이해의 과정이 아니라 정답을 골라내는 작업이 되었습니다. 글 속 인물의 감정도, 상황의 맥락도, 그 의미가 자신에게 던지는 질문도 연결되지 않았습니다. 아이는 읽었지만 해석하지는 못하고 있었습니다. 이 아이의 어려움은 국어 실력의 문제가 아니었습니다. 부족했던 것은 삶을 읽어내는 문해력이었습니다.

감정을 해석하고 관계의 맥락을 이해하며 말씀을 삶에 연결해 보는 경험이 거의 없었기 때문입니다.

이 사례는 분명히 보여 줍니다.

문해력은 책을 얼마나 읽었느냐의 문제가 아니라 읽은 것을 어떻게 해석하고 살아내느냐의 문제입니다. AI는 답을 제시할 수 있지만 의미를 만들어 내는 힘은 오직 인간에게만 주어진 선물입니다. 그래서 문해력은 성적이 아니라 존재를 지탱하는 힘이며 미래를 살아내는 핵심 역량입니다.

2. 성경이 말하는 문해력의 네 가지 의미

문해력 = 해석력 = 지혜

제가 만난 아이들을 보면 문해력 결핍은 단순히 글 읽기의 문제가 아니라 삶 전체의 어려움으로 나타납니다. 그래서 성경적 관점에서 문해력을 네 가지로 정리해 보면 다음과 같습니다.

1) 영적 문해력 – 말씀을 읽는 것이 아니라 '깨닫는' 능력

예수님은 반복해서 말씀하셨습니다.

"읽는 자는 깨달을지어다."

문해력의 출발점은 "눈으로 읽는 것"이 아니라 "마음으로 깨닫는 것"입니다. 성경은 단지 문자로만 읽는 책이 아닙니다. 성경은 말씀을 통해 하나님이 지금 내 삶을 해석해 주시는 책입니다. 그런데 요즘 아이들은 말씀을 읽어도 이렇게 말합니다.

"무슨 말인지 모르겠어요."

"그냥 옛날 이야기 같아요."

"나랑 상관없는 말 같아요."

이때 필요한 것이 영적 문해력입니다. 영적 문해력은 단지 성경 지식을 많이 아는 것이 아닙니다. 말씀이 나를 비추고 내가 그 빛 아래 서는 능력입니다. 영적 문해력은 다음 질문을 하게 합니다.

하나님은 지금 내 삶에서 무엇을 말씀하시는가?

이 말씀은 내 관계와 선택에 어떤 기준을 주는가?

이 말씀은 내 감정과 욕망을 어떻게 다루도록 이끄는가?

깨달음은 AI가 주지 못합니다. 성령님이 주시는 능력입니다. 그래서 문해력은 곧 말씀을 해석하는 능력이며 성경은 이것을 지혜라고 부릅니다.

2) 정서 문해력 – 감정을 읽고 마음을 연결하는 힘

관계 문제를 가진 아이들을 깊이 들여다보면 대부분 '마음을 읽는 힘'이 부족합니다. 그리고 그 부족은 대개 "공감이 없다"기보다 "감정 언어가 없다"는 데서 옵니다. 아이는 마음이 불편하면 이런 말로 표현합니다.

"엄마가 나를 미워해요."

"친구가 나를 싫어해요."

그런데 실제로는 "미워한다"가 아니라 그 순간 아이가 느낀 것은

서운함,

외로움,

창피함,

두려움,

불안,

억울함,

같은 감정일 때가 많습니다. 정서 문해력은 이 감정을 정확한 언

어로 분리하고 해석하고, 표현할 수 있게 돕는 능력입니다. 정서 문해력이 약하면 어떤 일이 생길까요? 복합적인 감정이 하나로 뒤섞여 단순한 '짜증'으로 표출되고 맙니다. 관계는 "오해"로 쉽게 무너집니다. 마음을 표현하지 못하니 결국 공격하거나 단절합니다. 정서 문해력은 학원에서 자라지 않습니다. 가정에서 일상 대화 속에서 자랍니다. 부모가 이렇게 도와주실 때 아이는 정서 문해력을 갖게 됩니다.

"그때 속상했겠다."

"화가 난 건데, 그 안에 서운함도 있었겠다."

"그 말을 듣고 네 마음이 작아졌구나."

이런 언어는 아이에게 감정을 '정리하라'고 요구하는 것이 아니라 감정을 '읽어 주는' 것입니다.

3) 비판적 문해력 – 정보를 분별하는 지혜

AI 시대의 아이들은 '정보 부족'이 아니라 '정보 과잉' 때문에 길을 잃습니다. 문해력의 핵심은 "많이 아는 것"이 아니라 무엇을 받아들이고 무엇을 버릴지 아는 힘입니다. 성경은 이것을 '분별력'이라고 부릅니다. 문해력이 곧 분별력입니다. 비판적 문해력이 부족하면 아이는 다음과 같은 위험에 쉽게 노출됩니다.

자극적인 제목에 끌려 감정이 휘둘림

"다들 그렇게 말하니까"를 진리로 착각

편향된 정보만 먹고 세계관이 굳어짐

단정적인 결론에 중독(흑백논리)

반대로 비판적 문해력이 있는 아이는 이렇게 질문합니다.

이 말은 근거가 있는가?

누가 이득을 보는가?

내가 지금 감정적으로 끌리고 있는가?

이 정보가 내 삶을 살리는가, 해치는가?

이 질문을 할 수 있어야 AI 시대에 흔들리지 않습니다. 기술을 쓰는 능력보다 기술 앞에서 중심을 지키는 능력이 더 중요하기 때문입니다.

4) 의미 문해력 – 삶을 해석하고 이야기를 만드는 능력

문해력이 낮은 아이들은 자주 이렇게 말합니다.

"왜 공부해야 하는지 모르겠어요."

"삶이 공허해요."

"열심히 하는데 의미가 없어요."

이것은 지식의 문제가 아니라 '삶을 해석하는 능력'의 문제입니다. 의미 문해력은 아이가 자기 경험을 "사건"으로만 두지 않고, 그 사건을 이야기로 엮을 수 있는 능력입니다.

- 실패를 '낙오'가 아니라 '훈련'으로 읽는 능력

- 상처를 '끝'이 아니라 '회복의 시작'으로 읽는 능력

- 기다림을 '버려짐'이 아니라 '하나님의 시간'으로 읽는 능력

이것이 의미 문해력입니다. 그리고 이 의미 문해력이 약하면 진로도 흔들립니다. 왜냐하면 진로는 결국 "어떤 이야기를 살아갈 것인가"의 문제이기 때문입니다. 그래서 문해력은 아이의 정체성·신앙·진로의 토대입니다.

3. 문해력은 '일머리'로 이어진다

1) 문해력 – 일머리 – 진로의 연결 구조

부모들이 상담실에서 종종 이렇게 말씀하십니다.

"우리 아이는 공부는 하는데요, 이상하게 일머리가 없어요."

"시키면 곧잘 하는데 항상 한 박자씩 어긋나는 느낌이예요."

"성실한데, 늘 답답하다는 소리를 들어요."

이 말 속에는 부모의 답답함뿐 아니라 아이에 대한 오해도 함께 담겨 있는 경우가 많습니다. 상담 현장에서 아이들을 깊이 들여다보면 일머리는 타고나는 능력이 아니라 문해력의 확장이라는 사실이 분명하게 드러납니다. 일머리가 없는 아이가 있는 것이 아니라 맥락을 읽는 훈련을 충분히 받지 못한 아이가 있을 뿐입니다.

일머리란 무엇일까요? 많은 사람들이 일머리를 "눈치가 빠른 것", "센스 있는 것", "요령이 있는 것" 정도로 생각합니다. 그러나

실제로 일머리는 훨씬 더 깊은 능력입니다. 일머리란 단순히 일을 빨리 처리하는 능력이 아닙니다. 일머리란,

- 상황의 맥락을 읽는 힘

- 말하지 않아도 의도를 파악하는 능력

- 해야 할 일의 목적과 우선순위를 구분하는 능력

- 지시를 '행동'이 아니라 '의미'로 해석하는 힘을 모두 포함하는 능력입니다.

다시 말해, 일머리는 "무엇을 하느냐"보다 "왜 이것을 해야 하는지를 이해하는 힘"입니다. 그리고 이 힘의 뿌리는 전부 문해력에 있습니다.

2) 문해력이 약하면, 일머리는 자라기 어렵습니다

글의 핵심을 읽지 못하는 아이는 지시의 핵심도 읽지 못합니다. 문장을 끝까지 읽어도 요지를 파악하지 못하는 아이는 상사의 말, 교사의 말, 부모의 말 속 중요한 의도를 놓치기 쉽습니다. 상황을 해석하지 못하는 아이는 일의 목적을 이해하지 못한 채 '하라는 대로만 하는 사람'이 됩니다. 그래서 문해력이 약한 아이는 겉으로 보기에는 성실해 보일 수 있습니다. 시킨 일은 빠뜨리지 않고 합니다. 그러나 주변에서는 종종 이렇게 평가합니다.

"열심히는 하는데, 좀 답답하다."

"왜 이걸 하는지 이해를 못 한 것 같다."

"센스가 없다."

이 평가는 아이의 인격이나 태도의 문제가 아닙니다. 해석 능력의 문제입니다. 아이에게 부족한 것은 노력이나 성실함이 아니라 의미를 읽는 힘, 곧 문해력이 충분히 자라지 않았기 때문입니다.

3) 문해력이 자라면, 일머리는 자연스럽게 따라옵니다

반대로 문해력이 자란 아이는 다릅니다. 이 아이는 일을 시작하기 전에 먼저 "왜 이걸 해야 하지?"를 생각합니다. 말 한마디를 들어도 그 말이 나온 배경과 의도를 함께 읽습니다. 상황 전체를 보고, 지금 가장 중요한 것이 무엇인지 판단합니다. 그래서 이런 아이는 굳이 모든 지시를 세세하게 듣지 않아도, 상대가 원하는 방향을 비교적 정확하게 이해합니다. 이 아이가 바로 우리가 흔히 말하는 '일머리 있는 아이'입니다.

중요한 사실은 이것입니다. 이 아이가 특별히 머리가 좋아서가 아닙니다. 문장을 읽고, 상황을 해석하고, 의미를 연결해 온 경험이 쌓였기 때문입니다.

4) 문해력은 결국 '진로 결정력'으로 이어집니다

진로를 앞에 둔 아이들이 가장 많이 하는 말 중 하나는 이것입니다.

"뭘 해야 할지 모르겠어요."

"왜 이 공부를 해야 하는지도 모르겠어요."

이 말은 게으름의 고백이 아니라 해석 능력의 부재에서 나오는 신호입니다. 문해력이 약한 아이는 자기 삶을 하나의 이야기로 해석하지 못합니다. 공부와 삶, 지금과 미래, 나와 세상의 연결 고리가 보이지 않습니다. 그래서 진로는 늘 막연해지고, 선택은 두려움이 되며, 결정은 미뤄지게 됩니다. 반대로 문해력이 자란 아이는 자기 경험을 해석할 수 있습니다. 잘했던 일과 힘들었던 일을 연결해 보고 자신이 어떤 환경에서 살아 움직이는 사람인지 이해합니다.

그래서 이 아이의 진로는 성적표에서 결정되지 않습니다. 해석 능력 위에서 결정됩니다. 진로는 '무엇을 할 수 있는가'의 문제가 아니라, '나는 어떤 의미를 만들어 가는 사람인가'의 문제이기 때문입니다.

5) 부모가 해 줄 수 있는 가장 중요한 질문

부모는 아이에게 일머리를 직접 가르칠 수는 없습니다. 그러나 일머리가 자라날 질문은 던져 줄 수 있습니다. "이걸 왜 하라고 했는지 이해했니?" 대신, "이 일의 목적이 뭐라고 생각하니?"라고 물어보십시오. "왜 이렇게 했어?" 대신, "이 상황을 너는 어떻게 해석했니?"라고 물어보십시오. 이 질문들이 반복될수록 아이의 문해력은 자라고, 문해력은 일머리로 확장되며, 그 일머리는 결국 아이의 진로를 떠받치는 기둥이 됩니다. 진로는 성적이 아니라, 해석 능력 위에서 결정됩니다. 그리고 그 해석 능력은 오늘 부모가 아이와 나누는 작은 대화 한 문장에서부터 자라나기 시작합니다.

고등학생 한 아이가 아르바이트 문제로 상담을 요청했습니다.

"목사님, 시킨 건 다 했는데요. 왜 자꾸 답답하다고 혼나요?"

아이를 자세히 살펴보니 일을 대충 하거나 불성실한 모습은 전혀 없었습니다. 그러나 늘 일의 목적을 놓치고 있었습니다. '정리하라'는 말에 물건만 옮겼고, '손님 응대 잘하라'는 말에 말만 공손했습니다.

상담을 통해 드러난 핵심은 이것이었습니다. 아이에게 일은 문장처럼 해석되지 않고, 명령어처럼만 처리되고 있었습니다. 왜 이 일을 해야 하는지, 이 행동이 누구에게 어떤 의미가 있는지, 그 맥락을 읽는 훈련이 거의 없었습니다.

이 아이의 문제는 성실성도, 지능도 아니었습니다. 문해력의 부족이 일머리의 부족으로 이어진 전형적인 사례였습니다.

4. AI 시대 문해력의 재해석과 부모의 역할

1) 부모는 성적을 관리하는 사람이 아니라 '해석을 도와주는 사람'입니다

문해력은 책만으로 자라지 않습니다. 제가 현장에서 만난 수많

은 아이들의 공통점을 분석해 보면 문해력은 아래 세 가지에서 자
랍니다.

① **부모의 언어** – 자녀가 세상에서 처음 마주하는 텍스트는 바로
'부모의 언어'입니다.

아이는 책을 읽기 전에 먼저 "부모의 말"을 읽습니다.

\- 부모의 말투

\- 부모의 감정 표현

\- 부모의 상황 해석 방식

이 모든 것이 아이의 문해력 교과서입니다. 부모가 어떤 사건을
만나고 이렇게 해석하면,

"큰일 났다."

"왜 항상 이래."

"너 때문에 더 힘들어."

아이는 사건을 "위협"으로 읽는 법을 배웁니다. 반대로 부모가 이
렇게 해석하면,

"지금은 당황스럽지만 정리해 보자."

"이번엔 이렇게 배웠구나."

"우리 방법을 다시 찾아보자."

아이는 사건을 "배움"으로 읽는 법을 배웁니다. 이 차이가 문해력
을 만듭니다. 아이의 텍스트 문해력은 국어 시간에 자라지만, 아이

의 삶 문해력은 집에서 자랍니다. 그리고 특히 "정서 문해력"은 부모의 말이 곧 교과서입니다. 부모가 감정을 말로 해석해 주는 가정에서 아이의 정서 문해력은 놀라울 만큼 자랍니다.

"지금 네 마음이 섭섭한 거지?"

"많이 긴장했구나, 그래서 마음이 조금 예민해졌던 거야."

"실망도 있고, 창피함도 있었겠다."

이런 언어는 아이의 마음을 안정시킬 뿐 아니라, 아이에게 '해석의 언어'를 제공합니다.

② 정서 안정 – 불안은 문해력을 무너뜨립니다

정서적 불안은 글의 의미를 흐립니다. 불안한 아이는 문장을 끝까지 읽지 못하고 집중도 쉽게 무너집니다. 왜냐하면 뇌가 의미를 찾는 데 에너지를 쓰지 못하고, 위협을 감지하는 데 에너지를 먼저 쓰기 때문입니다. 그래서 문해력의 첫 번째 조건은 공부법이 아니라 정서 안정입니다. 정서가 불안한 아이의 특징은 이렇습니다.

- 글을 읽어도 자꾸 딴 생각이 납니다.

- 중요한 문장을 지나치고, 자극적인 것만 붙잡습니다.

- 서술형 앞에서 머리가 하얘집니다.

- 상대 말의 의도를 "나를 공격하는 것"으로 쉽게 읽습니다.

이런 아이에게 "집중해라, 끝까지 읽어라"라고만 말하면 아이의 문해력은 오히려 더 무너집니다. 먼저 긴장을 낮추고, 마음을 안정시키고, 해석의 여유를 만들어야 합니다.

③ **삶의 경험** – 문해력은 책이 아니라 경험에서 자랍니다

문해력은 결국 "경험의 해석력"입니다.

놀아본 아이는 상상을 읽습니다.

대화해 본 아이는 감정을 읽습니다.

실패해 본 아이는 상황을 읽습니다.

기다려 본 아이는 시간을 읽습니다.

그런데 요즘 아이들은 "경험을 통과할 시간"이 부족합니다. 다 계획되어 있고, 다 관리되어 있고, 다 채워져 있습니다. 그러면 아이는 사건을 통과하며 의미를 만들 기회를 잃어버립니다. 문해력은 책장을 넘기는 양만큼 자라는 것이 아니라, 경험을 해석하는 대화만큼 자랍니다. 책을 읽고 나서도 "독후감"만 쓰게 하면 한계가 있습니다. 하지만 부모가 이렇게 물어주시면, 문해력은 삶으로 연결됩니다.

"이 장면에서 너는 어떤 마음이 들었니?"

"주인공은 왜 그런 선택을 했을까?"

"너라면 어떻게 했을 것 같니?"

"이 이야기가 너의 삶과 닮은 점이 있니?"

이 질문들은 아이의 머리를 괴롭히는 질문이 아니라, 아이의 의미 근육을 키우는 질문입니다.

④ 부모의 질문 – 문해력은 '메타인지'를 거쳐 일머리로 자랍니다

부모의 언어가 문해력의 교과서라면, 부모의 질문은 아이의 사고 구조를 설계하는 도구입니다. 많은 부모가 아이에게 이렇게 묻습니다.

"왜 그렇게 했어?"

"이건 이렇게 하라고 했잖아."

이 질문들은 아이의 행동을 점검할 수는 있지만, 아이의 사고를 자라게 하지는 못합니다. 오히려 아이는 "혼나지 않기 위한 답"을 찾는 데 익숙해집니다. 반대로 문해력과 일머리를 함께 키우는 질문은 다릅니다. 부모는 이렇게 묻습니다.

"이 일을 왜 해야 힌다고 생각했니?"

"이 상황의 핵심은 뭐라고 느꼈어?"

"지금 가장 중요한 게 뭐라고 생각해?"

"다시 한다면 무엇을 먼저 해보고 싶어?"

이 질문들이 바로 메타인지 질문입니다. 메타인지란 '나는 지금 무엇을 하고 있는가', '왜 이 선택을 했는가', '이 상황을 어떻게 이해하고 있는가'를 스스로 돌아보는 능력입니다. 이 메타인지가 자라지 않은 아이는 시키면 성실하게 하지만, 항상 누군가의 지시가 있어야 움직입니다. 반대로 메타인지가 자란 아이는 지시를 행동으로만 듣지 않고, 의미로 해석합니다. 그래서 이런 차이가 생깁니다.

– "이거 하라고 했잖아." → 그대로 실행

- **"이건 왜 필요할까?"** → 우선순위 판단

- **"지금 뭘 먼저 해야 하지?"** → 일의 흐름 파악

- **"이 상황에서 기대하는 게 뭘까?"** → 맥락 이해

이 능력이 바로 부모들이 말하는 '일머리'입니다. 일머리는 일을 빨리 처리하는 능력이 아닙니다. 일머리는 상황의 맥락을 읽고 말하지 않은 의도를 파악하고 목적과 우선순위를 구분하며 지시를 '의미'로 해석하는 힘입니다. 그리고 이 힘은 부모가 대신 설명해 줄 때 자라지 않고, 부모가 질문해 줄 때 자랍니다. 아이에게 늘 답을 주는 부모 밑에서는 아이의 문해력이 멈추고, 아이에게 해석을 맡기는 부모 곁에서는 아이의 일머리가 자랍니다. 그래서 문해력은 여기서 멈추지 않습니다.

문해력 → 메타인지(해석 능력)

메타인지 → 일머리(맥락 이해)

일머리 → 진로 판단 능력으로 자연스럽게 이어집니다.

진로는 성적 위에서 결정되지 않습니다. 진로는 상황을 읽고, 의미를 해석하고, 자신의 선택을 설명할 수 있는 힘, 곧 문해력과 일머리 위에서 결정됩니다. 부모가 해 줄 수 있는 가장 중요한 도움은 아이 대신 길을 정해 주는 것이 아니라, 아이 스스로 길을 읽을 수 있는 해석의 눈을 길러 주는 질문입니다.

현장에서 문해력을 빠르게 침식시키는 요인을 정리하면 다음과 같습니다.

- 부모의 과도한 지시("이렇게 읽어, 이렇게 써")

- 감정 언어의 부재("그만해, 별거 아니야")

- 부부 갈등(집 안의 긴장)

- 불안한 가정 분위기(늘 경보 상태)

- 스마트폰 과몰입(짧은 자극에만 반응)

특히 스마트폰 과몰입은 "읽는 힘"만이 아니라, 기다리는 힘, 곱씹는 힘, 깊이 들어가는 힘을 약화시킵니다. 문해력은 속도가 아니라 깊이인데, 숏폼은 아이를 깊이보다 반응으로 끌고 갑니다. 그래서 문해력을 살리려면, 단지 "책을 더 읽게 하자"가 아니라, 아이의 일상을 깊이의 구조로 다시 세워야 합니다.

✏️ 실제 상담 사례 30: "읽고는 있는데, 자꾸 어긋나요"

고등학생 A군은 성적이 전반적으로 높은 편이었지만, 서술형 평가와 토론, 수행평가에서 반복적인 어려움을 호소하며 상담실을 찾았습니다.

"문제는 읽었는데, 핵심이 뭔지 모르겠어요."

"선생님 말씀도 친구들 말도 자꾸 다르게 이해하게 돼요."

처음에는 학습 방법의 문제처럼 보였습니다. 그러나 자세히 살펴보니 A군은 문장을 읽을 때 중심과 주변을 구분하지 못했고, 상대의 말을 그대로 받아들이기보다 자기 안의 긴장된 해석으로 왜곡하는 경향이 강했습니다.

상담을 통해 성장 배경을 따라가 보니, 그 뿌리는 학습이 아니라 정서 환경에 있었습니다. A군은 어린 시절부터 부모의 지속적인 갈등 속에서 자랐고, 집 안의 분위기는 늘 긴장 상태였습니다. 말 한마디, 표정 하나에도 의미를 과도하게 해석해야 하는 환경이었습니다. 그 결과 A군의 내면에는 이런 구조가 형성되었습니다.

정서적 긴장 → 집중력 저하 → 의미 구분의 어려움 → 문해력 약화 → 진로 스트레스 증가

A군의 문제는 머리가 나쁜 것이 아니었습니다. 문제는 삶을 해석할 여유가 없는 상태였습니다. 늘 긴장한 아이는 문장을 끝까지 읽지 못하고, 말의 의도를 차분히 해석하지 못합니다. 의미보다 위협을 먼저 감지하기 때문입니다.

이 사례는 분명히 보여 줍니다.

문해력의 뿌리는 기술이 아니라 정서입니다. 부모는 성적을 관리하는 사람이 아니라, 아이의 삶과 감정을 함께 해석해 주는 사람입니다. 문해력 문제는 곧 정서 문제이며, 정서가 회복될 때 비로소 아이는 글과 말과 삶의 의미를 다시 읽어낼 수 있습니다.

5. 부모 실천 체크리스트 & 소그룹 나눔 질문

부모 실천 체크리스트

나는 아이의 감정을 지적하지 않고 '해석'해 주었는가? ☐

아이의 말 속 의미를 끝까지 들어주었는가? ☐

감정 단어를 일상 속에서 자주 사용하고 있는가? ☐

최근 일주일 동안 아이와 10분 이상 대화한 시간이 있었는가? ☐

우리 가정의 정서는 문해력을 지지할 만큼 안정적인가? ☐

"이 상황의 핵심이 무엇이라고 생각하니?"라고 자녀의 의견을 물어 본 적이 있는가? ☐

말씀을 읽으며 삶의 해석을 모델링해 준 적이 있는가? ☐

나는 아이에게 "왜 이 일을 시켰는지 이해했니?" 대신, "이 일의 목적이 뭐라고 생각하니?"라고 질문해 본 적이 있는가? ☐

소그룹 나눔 질문

우리 아이의 문해력(인지·정서·영적)을 10점 만점으로 평가해 본다면? ☐

문해력 부족으로 인해 어려움을 겪은 경험이 있었나요? ☐

나의 언어 습관은 아이의 문해력에 어떤 영향을 미치고 있습니까? □

부부 대화의 방식은 아이의 해석 방식에 어떤 영향을 줄까요? □

문해력을 키우기 위해 이번 주 우리 가정이 시작할 작은 변화는 무엇입니까? □

우리 아이는 지시를 들을 때, '무엇을 하라고 했는지'만 붙잡고 있습니까, 아니면 '왜 이 일을 해야 하는지'를 이해하려고 합니까? □

제10장 맺음말

문해력은 읽는 능력이 아니라 살아내는 힘입니다. 문해력은 단순히 글을 잘 읽는 능력이 아닙니다. 문해력은 삶을 해석하는 힘입니다. AI는 정보를 읽어 줄 수는 있어도, 그 정보가 나에게 무엇을 요구하는지는 알려 주지 못합니다. 그래서 AI 시대에 문해력은 성적의 문제가 아니라 존재의 힘이 됩니다. 문해력이 자란 아이는 글의 핵심을 읽고, 사람의 의도를 읽고, 상황의 맥락을 읽습니다. 이 해석의 힘은 자연스럽게 일머리로 이어지고, 일머리는 진로를 지탱하는 기초가 됩니다.

부모는 아이에게 책을 읽게 할 수는 있지만, 아이가 세상을 읽는 방식은 부모의 말과 질문을 통해 만들어집니다. 부모가 대신 해석해 주면 아이는 따라가기만 배우고, 부모가 질문으로 해석을 맡기면 아이는 스스로 읽는 사람이 됩니다.

그래서 문해력의 시작은 책장이 아니라 가정이며, 부모는 성적을 관리하는 사람이 아니라 아이의 삶을 함께 읽어 주는 사람입니다. 그 읽어 줌 속에서 아이는 AI 시대에도 자기 삶을 해석하며 살아가는 하나님의 사람으로 자라게 됩니다.

제10장 요약: 문해력 – AI 시대, 읽는 힘이 곧 '존재의 힘'입니다

- 분해력은 글을 읽는 능력이 아니라 삶을 해석하는 힘입니다.

- 문해력은 일머리로 이어지고, 일머리는 진로의 기초가 됩니다.

- 문해력의 시작은 책장이 아니라 부모의 말과 질문입니다.

제11장

그릿(Grit)

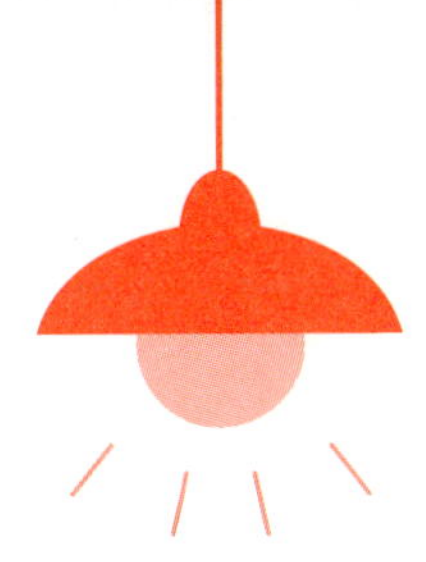

— 끝까지 하는 능력, AI 시대의 진짜 실력

— 노력하는 힘, 견디는 힘, 다시 일어나는 힘

1. 그릿을 바라보는 왜곡된 관점

1) "능력은 있는데 끈기가 없어요"라는 말 속에 숨은 진짜 문제

상담과 부모 교육을 하다 보면 가장 자주 듣는 말 중 하나가 이 것입니다.

"잠재력은 충분한데, 늘 끝맺음이 부족해요."

"시작은 잘하는데, 조금만 어려워지면 포기합니다."

표면적으로 보면 '끈기 부족'입니다. 그래서 많은 가정은 즉시 해결책을 이렇게 세웁니다.

더 많이 시키자

더 강하게 밀어붙이자

더 엄격한 규칙을 만들자

포기 못 하게 막자

그런데 이상하게도 그렇게 할수록 아이는 더 빨리 지치고, 더 빨리 회피하고, 더 빨리 무너집니다. 이때 중요한 질문이 있습니다. 정말로 아이에게 없는 것이 '끈기'일까요? 아니면 끝까지 해도 안전하다는 경험이 없는 것일까요? 많은 경우, 아이의 '포기'는 게으름이 아니라 자기 보호입니다. 아이의 마음속에는 이런 공식이 이미 형성되어 있습니다.

- **어려움** → 혼난다

- **실수** → 실망시킨다

- **실패** → 사랑이 줄어든다

- **끝까지 가면** → 더 크게 다친다

- **가다가 실패하면** → 더 크 게 혼난다

이 공식 아래에서 아이가 선택할 수 있는 가장 안전한 길은 무엇일까요?

시작은 하되 깊이 들어가지 않는 것입니다.

어려워지면 빠져나오는 것입니다.

끝까지 가기 전에 멈추는 것입니다.

그래서 그릿을 말할 때 가장 먼저 점검할 것은 "아이에게 끈기가 있는가 없는가"가 아니라 아이에게 '버텨도 괜찮다'는 정서적 안정이 있는가입니다.

2) 그릿은 '근성'이다?

아닙니다. 그릿은 억지로 밀어붙이는 힘이 아니라 넘어져도 다시 일어나는 회복의 힘입니다. 근성은 종종 이렇게 작동합니다.

버텨야 한다

참아야 한다

울면 안 된다

약해지면 안 된다

이 방식은 잠깐은 성과를 만들 수 있습니다.

그러나 오래 가면 반드시 부작용이 생깁니다.

감정 억압

자기비난

번아웃

관계 단절

실패 공포

성경이 말하는 인내는 "감정을 없애는 힘"이 아니라 감정을 안고도 하나님을 신뢰하는 힘입니다. 그릿은 마음을 강철로 만드는 것이 아니라, 마음을 하나님 안에서 다시 붙잡히게 하는 힘입니다.

3) 많이 시키면 그릿이 생긴다?

그렇지 않습니다. 그릿은 혹독한 훈련 이전에, 정서적 안전지대라는 토양 위에서 자라납니다. 정서가 불안한 아이는 어려움 자체를 '위협'으로 받아들입니다. 위협 앞에서 불안을 느낀 아이의 뇌는 배움을 위한 '학습 모드'를 끄고, 살아남기 위한 '생존 모드'를 가동합니다. "해야겠다"가 아니라 "도망가야겠다"가 먼저 나옵니다. "해보자"가 아니라 "망하면 어떡하지"가 먼저 나옵니다. "조금만 더"가 아니라 "여기서 멈추자"가 먼저 나옵니다. 이 상태에서 더 많이 시키면 그릿이 생기는 것이 아니라 불안이 더 커지고 회피가 강화됩니다. 그러므로 그릿을 키우는 첫 단계는 과제의 양이 아니라 정서적 안전지대의 구축입니다.

4) 실패를 줄이면 그릿이 생긴다?

반대로, 실패를 경험할수록 그릿은 자랍니다. 단, 조건이 있습니다. 실패가 관계를 무너뜨리지 않는다는 경험이 있어야 합니다. 실패 자체는 아이를 부수지 않습니다. 실패를 해석하는 방식이 아이를 부숩니다. "그래서 너는 안 돼"라는 해석은 아이를 무너뜨립니다. "괜찮아, 배웠네"라는 해석은 아이를 자라게 합니다. 아이에게 실패는 인생의 종결판결이 아니라 성장의 재료가 되어야 합니다. 그 재료가 되게 만드는 핵심은 실패의 순간에 가정이 어떤 언어를 사용하느냐입니다.

5) AI 시대에는 끈기보다 '빠른 학습'이 중요하다?

아닙니다. AI 시대의 진짜 실력은 빠른 학습이 아니라 지속 가능한 학습입니다. AI 시대는 오히려 "시작하는 사람"이 많아집니다. 왜냐하면 시작은 쉬워졌기 때문입니다.

- 검색하면 나온다

- AI가 요약해 준다

- AI가 초안을 만들어 준다

- AI가 예제를 준다

그래서 더 중요한 능력이 생깁니다.

- 그 많은 도움 속에서도 끝까지 완성하는 능력.

- 지치고 흔들려도 다시 돌아오는 능력.

- 성공보다 과정을 붙드는 능력.

빨리 배우는 아이보다 끝까지 가는 아이가 결국 승리합니다. AI 시대의 실력은 '속도'보다 '지속력'입니다.

✏️ 실제 상담 사례 31: "끝까지 해본 게 없어요"

초등학교 고학년 아이를 둔 부모가 상담실을 찾으며 이렇게 말했습니다.

"능력은 충분해요. 시작도 늘 잘하는데, 문제는 끝까지 해내질 못한다는 거예요."

아이 역시 고개를 끄덕이며 말했습니다.

"처음엔 괜찮은데, 조금만 어려워지면 하기 싫어져요."

겉으로 보기에는 끈기가 부족한 아이처럼 보였습니다. 그래서 부모는 더 많은 과제를 주고, 중도에 포기하지 못하도록 강하게 밀어붙여 왔습니다. 그러나 그럴수록 아이는 점점 더 빨리 지쳤고, 새로운 도전 앞에서 먼저 물러서는 모습이 반복되었습니다.

상담을 통해 아이의 경험을 자세히 살펴보니, 아이는 실패를 안전하게 경험해 본 적이 거의 없었습니다. 실수하면 곧바로 지적이 이어졌고, 결과가 기대에 미치지 못하면 실망이 분명히 드러났습니다. 그 과정에서 아이는 이렇게 배우게 되었습니다.

"잘 안 되면 멈추는 게 낫다."

"끝까지 가면 더 혼날 수 있다."

이 아이에게 어려움은 연습의 과정이 아니라, 위험 신호였습니다. 그래서 그릿이 부족했던 것이 아니라, 버틸 수 있는 정서적 안전지대가 없었던 것이었습니다. 회복의 경험 없이 요구된 끈기는 오래 갈 수 없었습니다.

이 사례는 분명히 보여 줍니다.

그릿은 억지로 밀어붙여서 생기지 않습니다. 그릿은 실패해도 관계가 무너지지 않는다는 경험 속에서 자랍니다. AI 시대에 필요한 것은 빨리 포기하지 않는 근성이 아니라, 넘어져도 다시 시작할 수 있는 회복의 힘입니다.

끝까지 가는 아이는 타고나는 것이 아니라, 다시 일어나도 괜찮은 환경 속에서 길러집니다.

2. 성경이 말하는 '그릿(인내)'의 네 가지 의미

성경은 '그릿(Grit)'이라는 단어를 직접 사용하지 않지만, 그 본질을 깊이 있게 설명합니다. 성경적 그릿은 단순한 끈기가 아니라 하나님을 신뢰하며 끝까지 가는 힘입니다. 여기에는 네 가지가 있습니다. 이 네 가지가 함께 있을 때, 그릿은 '근성'이 아니라 '은혜의 힘'이 됩니다.

1) 믿음의 시험을 견디는 힘 – 인내

야고보서 1장 4절 "인내를 온전히 이루라."

성경적 인내는 막연히 참는 것이 아니라, 하나님을 신뢰함으로 그 자리를 지켜내는 힘입니다. 상황이 좋아져서 버티는 것이 아니라 하나님이 신실하시기에 버티는 것입니다. 아이에게 인내가 필요한 이유는 분명합니다. 아이의 미래는 "쉬운 길"이 아니라 "긴 길"이기 때문입니다. AI 시대는 변화가 빠르고, 비교가 치열하고, 실패가 자주 찾아옵니다. 그러므로 인내는 선택이 아니라 생존의 기초 체력입니다.

2) 넘어져도 다시 일어나는 힘 – 회복탄력성

베드로전서 5장 10절 "잠깐 고난을 당한 너희를 친히 온전하게 하시며 굳건하게 하시며 강하게 하시며 터를 견고하게 하시리라."

성경은 인내를 "견디는 힘"으로만 말하지 않습니다. 성경은 인내를 "다시 세워지는 은혜"로 말합니다. 넘어지지 않는 것이 목표가 아니라 넘어져도 다시 서는 것이 은혜입니다. 아이에게 그릿을 가르친다는 것은 아이를 실패하지 않게 만드는 것이 아니라, 실패 이후에도 다시 돌아오게 만드는 것입니다.

3) 하나님의 때를 기다리는 힘 – 신뢰의 지속력

시편 27장 14절 "너는 여호와를 기다릴지어다 강하고 담대하며 여호와를 기다릴지어다."

아이들은 "즉시성"의 시대를 살아갑니다.

바로 답이 나와야 하고

바로 결과가 보여야 하고

바로 성취가 있어야 합니다.

그러나 하나님 나라의 성장은 종종 느립니다. 하나님의 역사에는 '기다림'이 포함됩니다. 그릿은 속도가 아니라 하나님의 시간표에 순종하는 힘입니다.

기다릴 수 있는 아이가 흔들리지 않습니다.

기다릴 수 있는 아이가 조급한 선택을 피합니다.

4) 사랑 때문에 포기하지 않는 힘 – 관계의 능력

고린도전서 13장 7절 "모든 것을 참으며… 모든 것을 견디느니라."

성경이 말하는 가장 깊은 그릿은 "사랑의 인내"입니다. 사랑은 포기하지 않습니다. 사랑은 단절 대신 다시 연결을 선택합니다. 아이의 그릿은 혼자 만들어지지 않습니다. 아이의 그릿은 사랑 안에서 버틴 경험 속에서 자랍니다.

- 힘들어도 곁에 남아 준 경험
- 실패해도 품어 준 경험
- 울어도 안전한 경험
- 돌아와도 다시 시작할 수 있는 경험

이 경험이 아이의 마음에 "끈기"가 아니라 신뢰의 뿌리를 내리게 합니다.

3. AI 시대 '그릿의 재해석'과 부모의 역할

1) AI 시대 그릿의 재해석: "지속력의 질"이 실력이다

AI가 모든 지식을 도와주는 시대일수록 아이에게 필요한 능력은 지식의 양이 아니라 지속력의 질입니다. AI가 잘하는 것은 무엇입니까?

- 빠르게 답을 찾는다
- 빠르게 요약한다
- 빠르게 초안을 만든다

그러나 AI가 못하는 것이 있습니다.

- 어려워도 멈추지 않는 마음

- 지루해도 계속하는 습관

- 실수해도 다시 돌아오는 용기

- 실패를 의미로 바꾸는 해석

그래서 AI 시대의 경쟁력은 이렇게 정리할 수 있습니다.

AI 시대의 경쟁력 = 지속력 × 해석력 × 정서 안정

지속력만 있으면 고집이 될 수 있습니다.

해석력이 없으면 지속은 방향을 잃습니다.

정서 안정이 없으면 지속은 번아웃이 됩니다.

세 가지가 함께 있을 때, 그릿은 '억지'가 아니라 '은혜의 능력'
이 됩니다.

2) 말보다 더 강한 교육: "지속하는 모습을 보여 주는 것"

아이들은 말이 아니라 태도를 배웁니다. 아이에게 그릿을 말로만
가르치면 아이는 이렇게 느낍니다.

"나보고만 버티래."

"나는 못 버티는 애래."

"나는 부족한 애래."

그러나 어른이 삶으로 보여주면, 아이는 이렇게 배웁니다.

- 무너졌을 때 다시 일어서는 방식

- 실수했을 때 자신을 정죄하지 않는 방식

- 갈등이 생겼을 때 관계를 회복하는 방식

- 조급할 때 하나님의 때를 기다리는 방식

그릿은 "완벽함"이 아니라 "회복"을 통해 전수됩니다. 어른이 흔들려도 다시 돌아오는 모습을 보면, 아이는 마음속에 이렇게 기록합니다.

"나도 돌아올 수 있다."

3) 그릿을 키울 때 반드시 기억해야 할 네 가지

① 실패를 '정상적인 과정'으로 받아들이게 하기

실패를 특별한 사고처럼 다루면 아이는 도전을 멈춥니다.

실패를 과정처럼 다루면 아이는 도전을 계속합니다.

"실패는 너를 나쁘게 만드는 게 아니라, 너를 자라게 하는 과정이다."

"오늘은 안 됐지만, 이건 데이터가 쌓인 거다."

"실패는 길이 막힌 게 아니라 길을 찾는 과정이다."

여기서 중요한 것은 "괜찮아"라는 말이 아니라 "어떻게 해석하느냐"입니다.

② 작은 과제를 끝까지 하게 하기: 완주 훈련

그릿은 큰 목표에서 생기지 않습니다. 그릿은 "작은 완주"가 쌓여 생깁니다.

- 하루 5분 읽기

- 한 문장 쓰기

- 한 문제 풀기

- 작은 공간 정리하기

- 10분 산책하기

작은 완주는 아이의 마음에 "나는 끝까지 할 수 있다"는 증거를 남깁니다. 이 증거가 쌓이면 큰 과제도 가능해집니다.

③ 정서적 안정부터 세우기: 그릿의 토양

불안한 아이는 버틸 수 없습니다. 그릿의 시작은 의지가 아니라 안정감입니다.

- 틀려도 괜찮다

- 느려도 괜찮다

- 다시 해도 괜찮다

- 멈췄다가 돌아와도 괜찮다

이 안정감이 있을 때, 아이의 뇌는 생존 모드에서 학습 모드로 돌아옵니다. 그때부터 그릿이 자랍니다.

④ 해석 틀을 바꾸기: "어려움"을 읽는 방식

같은 사건이라도 해석이 다르면 행동이 달라집니다.

"어렵다" → "나는 안 된다" (포기)

"어렵다" → "나는 배우는 중이다" (지속)

그래서 가정에서는 "결과"보다 어려움에 대한 해석 언어를 먼저 바꾸어야 합니다.

"어렵구나 → 그럼 같이 방법을 찾아보자."

"포기했구나 → 그래도 돌아온 건 잘했다."

"오늘은 멈추자 → 내일 이어가자."

이 언어가 반복되면 아이의 그릿은 '강요'가 아니라 '습관'이 됩니다.

4. 부모 실천 체크리스트 & 소그룹 나눔 질문

부모 실천 체크리스트

나는 아이가 실패했을 때 비난보다 해석을 돕고 있는가? ☐

아이의 불안을 안정시키는 언어를 사용하고 있는가? ☐

우리 가정에 '작은 성공 경험'을 꾸준히 쌓아주고 있는가? ☐

나 스스로 끝까지 해내는 모습을 보여주고 있는가? ☐

실패한 아이를 따뜻하게 다시 세워 주고 있는가? ☐

"다시 시작하면 돼"라는 메시지가 가정의 문화가 되고 있는가? ☐

우리 아이는 어려움을 어떻게 반응하나요? ☐

아이가 포기하고 싶어 할 때 부모로서 어떤 언어를 사용하고 계셨나요? ☐

부모의 그릿(지속력)은 자녀에게 어떤 영향을 주었다고 느끼시나요? ☐

가정에서 지금 당장 실천할 수 있는 "작은 지속 습관"은 무엇인가요? ☐

그릿을 키우는 데 가장 방해가 되는 가정의 패턴은 무엇인가요? ☐

제11장 맺음말

AI 시대의 경쟁력은 뛰어난 머리가 아니라 끝까지 가는 마음입니다. 그릿은 근성이 아니라 관계에서 오는 안전, 실패를 해석하는 힘, 포기해도 다시 돌아오는 은혜입니다. 아이에게 가장 큰 선물은 성적도, 기술도, 영어도 아닙니다. 부모가 먼저 "끝까지 신뢰하는 믿음"을 보여주는 것입니다. 부모의 인내, 부모의 지속, 부모의 다시 서는 모습이 아이의 마음에 평생의 그릿을 심습니다.

제11장 요약: 그릿 – 끝까지 하는 능력, AI 시대의 진짜 실력

- 그릿은 억지로 버티는 근성이 아니라 다시 시작하는 힘입니다.

- 이 힘은 훈련보다 정서적 안전과 관계 속 신뢰에서 자랍니다.

- 부모의 인내와 신뢰가 아이의 그릿이 됩니다.

에필로그

부모의 손을 떠나 하나님의 손으로

어느 날 문득, 이런 질문이 마음 깊은 곳에서 올라올 때가 있습니다.

"이 아이가 나 없이도 살아갈 수 있을까?"

"세상은 너무 빠르고, 너무 거칠고, 너무 위험한데 이 아이는 과연 견딜 수 있을까?"

부모의 마음은 늘 그 질문 앞에서 떨립니다. 아이가 어릴 때에는 옆에 두고 지켜볼 수 있었지만, 아이가 자랄수록 부모는 점점 손을 놓는 연습을 해야 합니다. 그리고 그 과정 속에서 비로소 깨닫게 됩니다. 자녀를 양육한다는 것은 결국 '내 손에서 하나님의 손으로' 아이를 조금씩 옮겨 드리는 여정임을 깨닫습니다.

우리가 통제할 수 없는 시대, 그러나 하나님은 여전히 통치하고 계십니다

AI는 더 똑똑해지고, 세상은 더 빨라지고, 아이들이 살아갈 미래는 우리가 상상했던 것보다 훨씬 더 낯설고, 복잡하고, 때로는 거칠어질지도 모릅니다. 그러나 한 가지는 분명합니다. 세상은 변해도, 하나님의 통치는 결코 변하지 않습니다. 부모는 자녀의 공부를 계획할 수는 있어도 자녀의 인생 전체를 계획할 수는 없습니다. 부모는 자녀의 하루를 관리할 수는 있어도 자녀의 인생을 끝까지 책임질 수는 없습니다. 그래서 부모에게 가장 필요한 믿음은 이것입니다.

"이 아이는 내 아이이기 전에, 하나님의 아이다."

이 믿음이 흔들릴 때, 부모는 불안으로 아이를 붙잡게 됩니다. 그러나 이 믿음이 바로 설 때, 부모는 아이를 하나님께 맡길 수 있는 용기를 얻게 됩니다.

완벽한 부모는 없지만, 기도하는 부모는 있습니다

이 책을 쓰는 내내, 저 역시 한 사람의 부모로서 수없이 제 자신에게 질문을 던져야 했습니다.

- 나는 과연 아이를 하나님 앞에서 키우고 있는가?

- 나는 '사랑'이라는 이름으로 불안을 강요하고 있지는 않은가?

- 나는 자녀의 미래를 책임지겠다고 말하며 하나님의 자리를 대신하려 하고 있지는 않은가?

솔직히 고백하면, 저 역시 수도 없이 넘어졌고, 수도 없이 후회했고, 수정하며 여기까지 왔습니다. 그래서 이 책을 덮는 지금, 부모님들께 감히 이렇게 말씀드리고 싶습니다. 완벽한 부모는 없어도, 기도하는 부모는 반드시 존재합니다. 그리고 하나님은 완벽한 부모가 아니라, 기도하는 부모를 통해 자녀를 키우십니다. 부모의 능력이 아니라, 부모의 기도가 아이의 인생을 지켜 줍니다.

우리가 정말로 자녀에게 남겨 주어야 할 것

부모는 본능적으로 자녀에게 많은 것을 남겨 주고 싶어 합니다. 더 좋은 환경, 더 안정적인 직업, 더 많은 기회, 더 넓은 세상. 그러나 시간이 지나고 나면, 부모가 자녀에게 정말로 남겨 줄 수 있는 것은 생각보다 단순하다는 사실을 깨닫게 됩니다.

- 하나님을 의지하는 믿음
- 실패해도 다시 일어나는 힘
- 자신을 존귀하게 여기는 자아존중감
- 사람을 소중히 여기는 성품
- 세상을 두려워하지 않는 사명감
- 하나님과 연결됨으로 누리는 샬롬

이것들은 돈으로 물려줄 수 없고, 학원으로 대신할 수 없으며, 오직 부모의 삶과 기도를 통해서만 전해질 수 있는 유산입니다.

부모의 마지막 사명은 '붙잡는 것'이 아니라 '보내는 것'입니다

부모는 처음에는 아이를 붙잡고 키웁니다. 그러나 마지막에는 아이를 하나님의 부르심 속으로 보내야 하는 사람이 됩니다. 아이를 붙잡고 놓지 않는 부모는 사랑하는 것처럼 보일 수 있습니다. 그러나 때로는 그 사랑이 아이가 하나님께로 나아가는 길을 막고 있을 수도 있습니다. 진짜 사랑은 아이를 내 품 안에만 머물게 하는 것이 아니라, 아이가 하나님의 뜻을 향해 걸어가도록 허락하는 것입니다. 부모는 길이 아니라, 기준을 남기는 사람입니다. 부모는 답이 아니라, 하나님을 향한 방향을 남기는 사람입니다.

부모님께 드리는 한 문장의 기도

이 책의 마지막에, 부모님 한 분 한 분께 이 한 문장을 기도로 드리고 싶습니다.

"하나님, 이 아이를 제 뜻대로 만들지 않게 하시고, 하나님의 뜻대로 빚어가게 하소서."

이 기도 하나가 부모의 마음에 뿌리내릴 때, 아이의 인생은 비로소 하나님의 시간표 안에서 움직이기 시작합니다.

축복의 말로 책을 마칩니다

이 책을 펼쳐 드신 모든 부모님의 가정 위에

하나님의 지혜가 부족함 없이 임하시기를,

부모의 마음에 평안이 자리 잡기를,

그리고 우리의 자녀들이 이 급변하는 시대 속에서도

세상의 속도가 아니라

하나님의 부르심을 따라 담대히 걸어가는 사람들로 자라가기를 진심으로 축복합니다.

부모의 손을 떠나,

하나님의 손으로 인도받는 그날까지,

우리는 오늘도 기도하는 부모로 서 있기를 소망합니다.

2026년 1월

대전한사랑감리교회 목양실에서

조성철 목사

참고자료

제1장 참고문헌 (자녀 이해 · 애착 · 발달 · 부부 관계)

존 보울비 (2009). 『애착』. 김창대 역. 나남.

에릭슨, E. H. (1997). 『아동기와 사회』. 윤진,김인경 역. 중앙적성출판사.

베셀 반 데어 콜크 (2020). 『몸은 기억한다』. 제효영 역. 을유문화사.

래리 크랩 (2011). 『인간 이해와 상담』. 두란노.

양은순 (1994). 『사랑과 행복의 초대』. HOME.

양은순 (2015). 『사랑과 행복의 대화』. HOME.

양은순 (2013). 『사랑과 행복의 메아리』. HOME.

양은순 (1993). 『하나님 닮았어요』. HOME.

헨리 클라우드 (2003). 『변화와 치유』. 양은순 역. HOME.

베블리 라헤이.(2002). 『기질과 자녀교육』. 양은순 역. HOME.

최성애·조벽 (2018). 『정서적 흙수저 정서적 금수저』. 해냄.

지나영 (2022). 『세상에서 가장 쉬운 본질육아』. 21세기북스.

[영상]

조성철 목사. 「접촉결핍증」. CTS 신앙에세이. YouTube.

조성철 목사. 「사춘기」. CTS 신앙에세이. YouTube.

조성철 목사. 「행복한 부부」. CTS 신앙에세이. YouTube.

조성철 목사. 『자녀 교육 특강 세미나』. YouTube Live.

조성철 목사. 『다음 세대 어떻게 준비시킬까』. YouTube Live.

제2장 참고문헌 (AI 시대 · 기술 · 세계관)

박태웅 (2024).『박태웅의 AI 강의 2025』. 한빛비즈.

김상균 (2024).『AI 인간지능의 시대』. 베가북스.

김대식 (2025).『AGI, 천사인가, 악마인가』. 동아시아.

이지성 (2019).『에이트』. 차이정원.

이선 몰릭 (2024)『듀얼 브레인』. 신동숙 역. 상상스퀘어.

[영상]

조성철 목사.「인공지능시대」. CTS 신앙에세이. YouTube.

조성철 목사.「올바른 세계관」. CTS 신앙에세이. YouTube.

제3장 참고문헌 (진로 · 정체성 · 소명)

팀 켈리 (2016).『일과 영성』. 최종훈 역. 두란노.

오스 기니스 (2019).『소명』. IVP.

조벽 (2016).『인성이 실력이다』. 해냄.

[영상]

조성철 목사.「미래세대 자녀교육 1」. CTS 신앙에세이. YouTube.

조성철 목사.「미래세대 자녀교육 2」. CTS 신앙에세이. YouTube.

제4장 참고문헌 (직업 · 일 · 소명)

팀 켈러 (2016).『일과 영성』. 최종훈 역. 두란노.

오스 기니스 (2019).『소명』. IVP.

이지성 (2019).『에이트』. 차이정원.

한홍 (2004).『거인들의 발자국』 비전과 리더십.

[영상]

조성철 목사. 「올바른 세계관」. CTS 신앙에세이. YouTube.

조성철 목사. 「행복한 부부」. CTS 신앙에세이. YouTube.

조성철 목사. 「인공지능시대」. CTS 신앙에세이. YouTube.

제5장 참고문헌 (성품 · 샬롬)

리차드 포스터 (2009). 『영적훈련과 성장』. 생명의 말씀사.

루이스, C. S. (2015). 『순전한 기독교』. 장경철, 이종태 역. 홍성사.

조벽 (2016). 『인성이 실력이다』. 해냄.

양은순 (1993). 『하나님 닮았어요』. HOME.

한홍 (2002). 『칼과 칼집』. 두란노.

[영상]

조성철 목사. 「협동심: 서로 사랑하라」. CTS 신앙에세이. YouTube.

조성철 목사. 「듣는 마음과 겸손」. CTS 신앙에세이. YouTube.

조성철 목사. 「비교의식에서 축복의식으로」. CTS 신앙에세이. YouTube.

제6장 참고문헌 (회복탄력성 · 트라우마)

김주환 (2019). 『회복탄력성』. 위즈덤하우스.

베셀 반 데어 콜크 (2020). 『몸은 기억한다』. 제효영 역. 을유문화사.

헨리 클라우드 (2003). 『변화와 치유』. 양은순 역. HOME.

지나영 (2022). 『세상에서 가장 쉬운 본질육아』. 21세기북스.

[영상]

조성철 목사. 「그릿」. CTS 신앙에세이. YouTube.

조성철 목사. 「끈기와 끊기」. CTS 신앙에세이. YouTube.

조성철 목사. 「접촉결핍증」. CTS 신앙에세이. YouTube.

제7장 참고문헌 (자아존중감)

브레네 브라운 (2011). 『불완전함의 선물』. 웅진지식하우스.

조세핀 김 (2014). 『교실 속 자존감』. 비전과 리더십.

조벽·최성애 (2018). 『정서적 흙수저 정서적 금수저』. 해냄.

[영상]

조성철 목사. 「자아존중감」. CTS 신앙에세이. YouTube.

조성철 목사. 「친절한 무관심」. CTS 신앙에세이. YouTube.

조성철 목사. 「풍요병」. CTS 신앙에세이. YouTube.

제8장 참고문헌 (능력 · 지능 · 동기)

이선 몰릭 (2024). 『듀얼 브레인』. 신동숙 역. 상상스퀘어.

김경일 (2023). 『마음의 지혜』. 포레스트북스.

조세핀 김, 김경일 (2022). 『0.1%의 비밀』 EBS BOOKS.

하워드 가드너 (2007), 『다중지능』. 문용린 역. 웅진지식하우스.

조벽 (2020). 『요즘 교사들에게 진짜 하고 싶은 이야기』. 해냄.

이지성 (2018). 『에이트』. 차이정원.

[영상]

조성철 목사. 「인공지능시대」. CTS 신앙에세이. YouTube.

조성철 목사. 「올바른 세계관」. CTS 신앙에세이. YouTube.

조성철 목사. 「협동심: 서로 사랑하라」. CTS 신앙에세이. YouTube.

제9장 참고문헌 (영어 · 언어 · 글로벌 소명)

팀 켈러 (2016). 『일과 영성』. 최종훈 역. 두란노.

오스 기니스 (2019). 『소명』. IVP.

씨익북스 편집2부 『제2언어 습득의 비밀』. 아쿠아북스.

이지성 (2018). 『에이트』. 차이정원.

[영상]

조성철 목사. 「인공지능시대」. CTS 신앙에세이. YouTube.

조성철 목사. 「미래세대 자녀교육 1·2」. CTS 신앙에세이. YouTube.

제10장 참고문헌 (문해력)

존 보울비 (2009). 『애착』. 김창대 역. 나남.

베셀 반 데어 콜크 (2020). 『몸은 기억한다』. 제효영 역. 을유문화사.

베블리 라헤이 (2002). 『기질과 자녀교육』. 양은순 역. HOME.

신승호 (2025). 『읽은 아이가 미래를 지배한다』. 시원북스.

양은순 (2015). 『사랑과 행복의 대화』. HOME.

최성애·조벽 (2018). 『정서적 흙수저 정서적 금수저』. 해냄.

지나영 (2022). 『세상에서 가장 쉬운 본질육아』. 21세기북스.

[영상]

조성철 목사. 「접촉결핍증」. CTS 신앙에세이. YouTube.

조성철 목사. 「미래세대 자녀교육」 1·2. CTS 신앙에세이. YouTube.

조성철 목사. 「다음 세대 어떻게 준비시킬까」. YouTube Live.

제11장 참고문헌 (그릿)

앤젤라 더크워스 (2019). 『그릿(GRIT)』. 김미정. 비즈니스북스.

조벽·최성애 (2018). 『정서적 흙수저 & 정서적 금수저』. 해냄.

베셀 반 데어 콜크 (2020).『몸은 기억한다』. 제효영 역. 을유문화사.
김주환 (2025).『그릿 GRIT』. 인플루엔셜.

[영상]
조성철 목사.「그릿」. CTS 신앙에세이.
조성철 목사.「끈기와 끊기」. CTS 신앙에세이.
조성철 목사.「접촉결핍증」. CTS 신앙에세이.

부록

삶 전체로 배우는 AI 시대 교육
- (대안교육기관)한우리기독학교

성품·영어·문해력·일머리·자기주도학습, 그리고 미래 핵심 역량을 길러낸다

"AI 시대에, 우리 아이를 무엇으로 준비시켜야 하는가?"

성적일까요, 기술일까요, 더 빠른 선행일까요? 한우리기독학교는 이 질문에 대해 교실 내 성취나 관리 시스템을 넘어, 학생의 삶 전체가 배움의 현장이 되도록 설계된 교육 구조로 답해 왔습니다.

이 부록은 부모의 시선에서, "이 환경이라면 아이를 맡길 수 있겠다"는 신뢰가 생길 수 있도록, 한우리기독학교가 AI 시대를 어떻게 대비하며 교육하고 있는지를 이 책의 핵심 논지와 연결해 정리한 출판용 기록입니다. 그리고 분명히 밝히고 싶은 한 문장이 있습니다. 한우리기독학교는 이 시대를 이끌어 갈 '리더이자 예배자'를 키우는 학교입니다. 한우리가 말하는 리더는 세상 위에 군림하는 사람이 아니라, 하나님 앞에 먼저 무릎 꿇을 줄 알고, 사람 앞에서는 책임을 지는 사람입니다. 한우리가 말하는 예배자는 주일 예배에만 머무는 사람이 아니라, 공부하고, 일하고, 선택하고, 관계 맺는 삶 전체로 하나님을 예배하는 사람입니다. 이 학교의 모든 교육 구조는 '리더십'과 '예배'가 분리되지 않도록 설계되어 있습니다.

1. 한우리기독학교의 공부는 '가르침(Teaching)'이 아니라 '배움(Learning)'입니다

많은 학교의 공부는 여전히 이 구조를 따릅니다.
* 교사가 설명하고
* 학생은 따라 적고

* 정답을 맞히면 잘 배운 것으로 평가합니다.

그러나 AI 시대에는 이 방식만으로는 아이가 살아남기 어렵습니다. 왜냐하면 AI는 이미 설명과 정답 제시에 있어 인간을 능가하기 때문입니다. 한우리기독학교는 공부를 이렇게 정의합니다.

"공부란, 누군가에게서 '가르침'을 받는 것이 아니라, 스스로 의미를 만들며 '배움'을 일으키는 과정이다."

그래서 한우리기독학교의 모든 학습은 교사가 끌고 가는 수업이 아니라, 아이 스스로 질문하고 탐색하며 정리하는 자기주도 학습 구조 위에 놓여 있습니다.

2. 자기주도학습의 핵심은 '혼자 하는 공부'가 아닙니다

부모님들이 가장 많이 오해하시는 부분이 있습니다. "자기주도학습이면, 아이를 혼자 두는 건가요?" 아닙니다. 한우리기독학교의 자기주도학습은 방임이 아니라, 해석을 동반한 동행입니다.

* 교사는 답을 주기보다 질문을 던지고

* 학생은 정답보다 과정을 설명하며

* 실패는 혼남이 아니라 다음 선택을 위한 자료가 됩니다.

이 과정에서 아이는 자연스럽게 다음 능력을 기릅니다.

* 무엇을 모르는지 아는 힘

* 어떻게 접근해야 할지 계획하는 힘

* 막혔을 때 다시 시도하는 힘

이것이 바로 메타인지, 그리고 AI 시대 학습의 핵심 역량입니다.

3. 자기주도학습은 문해력 → 일머리 → 진로로 이어집니다

한우리기독학교에서는 공부, 생활, 진로가 분리되지 않습니다. 자기주도학습을 통해 아이는

* 글의 핵심을 읽는 문해력을 기르고

* 상황의 맥락을 파악하는 일머리를 배우며

* 그 힘을 바탕으로 자신의 진로를 해석해 갑니다.

그래서 한우리기독학교의 공부는 시험이 끝나면 사라지는 공부가 아니라, 삶 전체로 확장되는 공부가 됩니다.

4. 초등은 '배움의 태도'를, 중·고등은 '삶의 적용'을 훈련합니다

한우리기독학교는 학령에 따라 교육의 초점을 분명히 구분합니다.

초등 과정: 통학 중심, 배움의 기초

* 정서 안정

* 배우는 즐거움

* 질문하는 습관

* 실패해도 다시 시도하는 안정감

이 시기의 자기주도학습은 '혼자 공부하는 아이'를 만드는 것이 아니라, 배우는 것을 두려워하지 않는 아이를 만드는 데 목적이 있습니다.

중·고등 과정: 기숙사 연계, 삶으로 배우는 학습

중·고등 과정에서는 기숙사 생활이 더해지며 자기주도학습은 삶 전체로 확장됩니다.

* 시간 관리

* 우선순위 설정

* 공동체 안에서의 책임

* 스스로 세운 계획의 점검과 수정

공부는 더 이상 과제가 아니라 삶을 운영하는 훈련이 됩니다.

5. 기숙사는 '공부를 시키는 공간'이 아니라 '배움을 완성하는 공간'입니다

기숙사는 중·고등 학생에게만 적용되는 교육 환경이지만, 한우리기독학교 전체 교육 철학을 가장 입체적으로 보여 주는 공간입니다.

기숙사에서는

* 누가 시키지 않아도 하루를 설계해야 하고

* 결과보다 과정을 돌아보아야 하며

* 실패해도 다시 세워지는 경험을 반복합니다.

이곳에서 공부는 누군가에게 평가받기 위한 것이 아니라, 자기 삶을 책임지기 위한 도구가 됩니다.

6. 성품·영어·문해력·일머리·미래 역량은 어떻게 실제로 지도되고 있습니까?

입학 상담에서 부모들이 가장 많이 묻는 질문은 언제나 비슷합니다.

"말씀은 참 좋은데요, 그래서 실제로 학교에서는 어떻게 가르치나요?"

한우리기독학교는 이 질문에 대해 프로그램 목록이 아니라 삶의 장면으로 답하고자 합니다. 왜냐하면 이 학교에서 말하는 성품·영어·문해력·일머리·미래 역량은 과목처럼 따로 떼어 가르치는 내용이 아니라, 매일의 학교 생활과 학습 구조 속에서 동시에 길러지기 때문입니다.

1) 성품: 매주 설교와 일상의 피드백으로 '살아 보게' 합니다

한우리기독학교에서 성품은 교과목이 아니라 삶의 기준입니다.

매주 드려지는 성품 설교는 단순한 말씀 전달이 아니라, 그 주간 학교와 가정, 기숙사에서 실제로 적용해야 할 삶의 방향을 제시하는 나침반 역할을 합니다. 예를 들어, 감사, 책임, 정직, 절제, 배려와 같은 성품 주제가 선포되면, 학생들끼리 마인드맵을 만들고 적용할 포인트를 적고 나누고, 한주간 실천하고 점검하게 합니다. 교실·생활지도·기숙사 피드백에서 동일한 언어가 반복됩니다.

"이번 상황에서 정직은 어떤 선택이었을까?"

"지금 이 행동이 공동체를 세우는 방향일까?"

이렇게 성품은 평가의 기준이 아니라 해석의 기준으로 작동합니다. 그 결과 아이들은 '착한 척하는 법'이 아니라, 삶의 선택 앞에서 기준을 적용하는 힘을 배우게 됩니다.

2) 영어: 시험 과목이 아니라 '관계의 언어'로 사용합니다

한우리기독학교의 영어 교육에서 가장 중요한 질문은 이것입니다.

"이 영어가, 실제 삶에서 누구와 연결되게 하는가?"

그래서 영어는

* 점수를 위한 암기 과목이 아니라

* 표현하고, 듣고, 반응하는 소통의 도구로 사용됩니다.

영어 예배, 영어 나눔, 상황 기반 대화 훈련을 통해 아이들은 틀리는 것을 두려워하기보다 사용하는 경험을 쌓습니다.

부모가 안심하셔도 되는 이유는 분명합니다. 영어를 잘하는 아이보다, 영어로도 관계를 맺을 수 있는 아이를 목표로 하기 때문입니다.

3) 문해력: 책 읽기보다 '의미 읽기'를 먼저 훈련합니다

한우리기독학교에서 문해력은 국어 성적의 문제가 아닙니다.

문해력은

* 글의 핵심을 파악하고

* 사람의 말을 오해하지 않으며

* 상황의 맥락을 읽는 삶의 해석 능력입니다.

그래서 아이들은 끊임없이 이런 질문을 받습니다.

"이 글의 핵심은 뭐라고 생각하니?"

"이 상황에서 가장 중요한 정보는 뭐였을까?"

"이 말 뒤에 숨은 의도는 무엇일까?"

이 반복 훈련을 통해 아이들은 읽는 아이가 아니라 이해하는 아이로 자라갑니다.

4) 일머리: 문해력이 '행동 능력'으로 바뀌는 과정입니다

부모들이 말하는 '일머리 없음'은 대부분 능력 부족이 아니라 해석 부족에서 나옵니다. 한우리기독학교에서는

* 지시를 다시 말로 정리하게 하고

* 해야 할 일의 목적을 먼저 설명하게 하며

* 우선순위를 스스로 세우게 합니다.

이 과정에서 아이는

"지금 내가 무엇을 해야 하는지"뿐 아니라 "왜 이 일을 하는지"를 이해하게 됩니다. 이것이 바로 문해력이 일머리로 전환되는 지점이며, 진로 적응력을 좌우하는 핵심 능력입니다.

5) 미래 핵심 역량: 네 가지는 따로 가르치지 않아도 함께 자랍니다

한우리기독학교가 강조하는 미래 역량은 다음 네 가지입니다.

* 창조적 상상능력

* 공감능력

* 적응력

* 협동력

이 역량들은 별도의 수업으로 길러지지 않습니다.

* **정답 없는 질문 앞에서 생각해 볼 때** → 창조적 상상능력

* **친구의 상황을 해석해 볼 때** → 공감능력

* **실패 후 다시 계획할 때** → 적응력

* **공동체 안에서 역할을 맡을 때** → 협동력

모든 것이 자기주도 배움의 구조 안에서 자연스럽게 훈련됩니다. 이 모든 설명의 핵심은 단순합니다. 한우리기독학교는 아이를 '잘 가르치는 학교'가 아니라, 아이 스스로 배우며 살아갈 수 있게 만드는 학교입니다.

7. 부모에게 드리는 마지막 설명

부모님이 학교를 선택하며 찾는 것은 결국 한 가지입니다.

"이 아이가 혼자 살아도 괜찮을까?"

한우리기독학교는 이렇게 대답합니다.

"그래서 우리는 가르치기보다, 아이 스스로 배우며 살아갈 수 있도록 준비시킵니다."

AI 시대에 가장 강한 아이는 많이 배운 아이가 아니라, 계속 배울 수 있는 아이입니다. 그리고 그 힘은 자기주도학습이라는 배움의 구조 속에서 자라납니다. 이 부록에 담긴 모든 이야기는 그 구조가 실제 교육 현장에서 어떻게 살아 움직이고 있는지를 보여 주는 한우리기독학교의 기록입니다.

학부모의 이야기 - 윤수경

세 아이를 학교에 보내며

자녀교육에 관심을 가지고 애쓰는 부모들의 고민 끝에는 결국 아이들의 진로가 놓여 있습니다. 저 역시 세 아이를 키우며, 이 아이들이 자신의 길을 잘 찾아 독립할 수 있을지에 대한 두려움과 책임감 속에서 많은 시간을 보냈습니다. 그래서 자녀교육의 끝은 결국 '진로'라는 생각을 당연하게 받아들이고 살아왔습니다.

그러나 이 책과 학교의 교육을 함께 경험하며 제 시선은 조금씩 바뀌기 시작했습니다. 아이의 진로를 성적이나 직업으로 서둘러 규정하는 것이 아니라, 하나님 앞에서 어떤 사람으로 서게 할 것인가가 훨씬 더 중요하다는 사실을 깨닫게 되었기 때문입니다. 그 관점의 변화는 자녀를 대하는 태도뿐 아니라, 부모인 저 자신을 돌아보게 만들었습니다.

책에 담긴 실제 상담 사례들은 아이들의 문제를 '어떻게 해결할 것인가'보다, '어디에서부터 다시 바라보아야 하는가'를 묻게 해 주었습니다. 부모 실천 체크리스트와 나눔 질문들은 쉽지 않았지만, 그래서 더 의미 있는 시간이었습니다. 세 아이를 키우며 쌓아 온 저의 기준과 태도를 정직하게 마주하는 과정은 고통스러웠지만, 꼭 지나가야 할 길이었습니다.

특히 "가르쳐서 되는 것이 아니다"라는 메시지는 큰 울림으로 남았습니다. 아이의 성품이 결국 부모가 하나님 앞에 서는 태도를 닮아 간다는 말 앞에서, 저는 아이들을 향한 질문보다 제 자신을 향한 회개와 결단이 먼저 필요하다는 사실을 인정하게 되었습니다. 그 과정 속에서 우리 가정을 다시 하나님께 맡기고, 회복을 구하는 기도를 드릴 수 있었습니다.

세 아이를 학교에 보내며 감사한 것은, 이 교육이 아이들만 변화시키는 것이 아니라 부모를 함께 성장시키는 교육이라는 점입니다. 학교와 책을 통해, 아이를 관리해야 할 대상으로 보던 시선에서 벗어나 하나님 앞에 서 있는 한 존재로 존중하게 되었고, 그 변화는 가정의 분위기와 관계 전반으로 이어졌습니다.

이 책에 담긴 내용이 단지 글로 머무는 것이 아니라, 실제 삶 속에서 살아 움직이고 있음을 경험한 한 학부모로서, 이 이야기가 더 많은 가정에 작은 용기와 방향이 되기를 바랍니다. 세 아이를 키우는 부모로서 확신 있게 말할 수 있는 것은, 이 길이 비록 느려 보일지라도 결코 헛되지 않다는 사실입니다.